beck'sche reihe

bsr

Schafft eine Frau nicht das volle Programm, steht sie unter Verdacht, erhebliche Defizite zu haben: Ohne Kinder gilt sie als karrierebesessen; mit Kindern als Hausfrau als zurückgeblieben; mit Kindern und berufstätig ist sie eine Rabenmutter. Dieses Buch will in der Beschreibung des alltäglichen Wahnsinns das Tabu der perfekten Frau und Mutter brechen. Himmel und Hölle der Emanzipation aufzeigen. Denkanstöße geben. Zum Lachen bringen. Und eigene Lösungsperspektiven entwickeln und aufzeigen.
Maya Onken, 37jährig, verheiratet, zwei Kinder, berufstätig, schreibt ihrer Mutter von der Unmöglichkeit, Job und Muttersein unter einen Hut zu bringen. Julia Onken antwortet und versucht, die Tochter auf das aufmerksam zu machen, was diese nicht sehen will. Ein Streitgespräch, das die Augen öffnet, in welchen Überforderungen wir uns bewegen.

Die Autorinnen:
Julia Onken ist diplomierte Psychologin, Psychotherapeutin, Gründerin und Leiterin des Frauenseminars Bodensee und vielfache Buchautorin.
Maya Onken, lic. phil., war Deutsch- und Pädagogiklehrerin an Gymnasien, Human Resource Managerin und leitet zusammen mit ihrer Mutter das Frauenseminar Bodensee.
Informationen über Vorträge und Seminare der Autorinnen:
0041 (0) 71 411 04 04, E-Mail: sekretariat@frauenseminar-bodensee.ch, www.frauenseminar-bodensee.ch

Julia Onken · Maya Onken

Hilfe,

ich bin eine emanzipierte Mutter

Ein Streitgespräch zwischen
Mutter und Tochter

Verlag C. H. Beck

Originalausgabe

Gesamtherstellung: Druckerei C. H. Beck, Nördlingen
Umschlagentwurf: + malsy, Willich
Umschlagfoto: Werner Koschig
Gedruckt auf säurefreiem, alterungsbeständigem Papier
(hergestellt aus chlorfrei gebleichtem Zellstoff)
Printed in Germany
ISBN-10: 3 406 54151 8
ISBN-13: 978 3 406 54151 3

www.beck.de

Inhalt

1 Warum hast du mich nicht davor gewarnt?

Hallo, Mami,
eigentlich sollte am Anfang jedes Briefes «Liebe» stehen. Aber heute bringe ich das «Liebe Mami» einfach nicht aufs Papier, denn wenn nach einem solchen freundlichen Auftakt gleich eine Vorwurfstirade folgt, dann ist dies wohl sehr verwirrend. Also, du bist gewarnt, es heißt heute nur «Hallo».

Denn eigentlich bin ich sauer (oder eher enttäuscht?), weil es doch eigentlich die Pflicht jeder Mutter ist, ihr Kind auf das Leben vorzubereiten. Und diese Aufgabe ist doch nicht einfach mit der Zwanziger-Altersmarke abgelaufen. Wie ich das Wort Pflicht eigentlich hasse und selbst darunter leide, aber dennoch muss ich dich ernsthaft fragen: WARUM HAST DU MIR NICHT GESAGT, WAS ES HEISST, EINE MUTTER ZU SEIN?

Als du dich vor sieben Jahren so ungeheuer über das kleine Söcklein im Weihnachtsbrief gefreut hast, war ich, ehrlich gesagt, bass erstaunt. Ich rechnete mit verhaltener Anteilnahme, mit forschenden Fragen nach Organisation über das zukünftige Leben. Wirklich, ich rechnete mit der ähnlich kühlen Reaktion wie bei der Annoncierung unserer Heiratsabsichten. Aber doch nicht mit deinen Freudentränen und Jubelstürmen. Du hast mich damit im Irrtum gelassen, heiraten sei idiotisch und unnötig und ein gefährlicher, abtrünniger Weg, ein Kind zu kriegen, aber das beglückendste Ereignis, abgerundet, glatt und ohne Fallen.

Und da stehe ich nun. Mit den beiden allergoldigsten Mädchen der Welt, die ich um keinen Preis zurückgeben würde. Das übliche Fragespiel von Estelle, wenn einer käme und mir hundertmillionentausend Batzen geben würde für sie, wie ich da reagieren würde. Und meine Antwort, dass nicht alle Schätze der Welt ausreichen würden, sie herzugeben, ist keine Kinderantwort, sondern mein absoluter Ernst. Und trotzdem stehe ich nun da, mit den zwei Sonnenstrahlen, einem kinderliebenden Ehegatten, einem gut bezahlten Teilzeit-Managerjob, einem gemieteten Haus (mit zu viel Garten) und einer Putzfee und habe sooooooo oft und viel zu oft das Gefühl, ich raffe es einfach nicht, ich bring es nicht, ich bin eine Versagerin und überhaupt unter den Müttern die mieseste Hausfrau, die ungeduldigste Erzieherin und unkreativste Kinderförderin. Und das hat ganz bestimmt mit dir zu tun (wie so alles eigentlich mit den Müttern zu tun hat ...). Gut, auch mit mir, aber du bist meine Quelle, solltest mein Vorbild sein für mein Urselbstvertrauen, eine gute Mutter zu sein.

Das klägliche Hausfrauengefühl, da willst du sicher nicht mit mir streiten, geht auf dein Konto. Mein ganzes Repertoire an Kochkünsten geht genau auf drei Rezepte zurück: Früchtekuchen, Omelett und Birchermüsli. Eine magere Basis für eine Mutter mit zwei Kindern, welche einen Mann geheiratet hat, der aus einer Familie stammt, die zweimal am Tag warm isst und jedes Mal mit Fleisch. Hilfe! Meine größten Bedenken während der Schwangerschaft kreisten nicht um Themen wie Geburtsstrapazen, Kindererziehung oder Organisationsfragen, sondern um die Frage: «Wie kocht man Gemüse?» Ich hatte keine Ahnung. Ernährte mich in Mensen, von Tiefkühl- und Take-away-Produkten oder von Mamas Kost (die Mamas meiner jeweiligen Freunde).

Mühsam habe ich nun die drei vererbten Rezepte auf circa zehn kindertaugliche Mahlzeiten mit maximal dreißigminütiger Kochzeit aufgeblasen. Jedes Mal innerlich fluchend, wenn es darangeht, den Kochherd einzuschalten. Gäste – welch Gräuel. Einziger Rettungsanker: mein kochender Ehegatte. Erik ist ein begnadeter phantasievoller Koch, doch leider nicht zweimal am Tag verfügbar. Das Einzige, was ich in der Küche kann, ist Frühstück richten und Kuchen backen. Der Früchtekuchen hat mich auf die richtige Fährte gesetzt. Also, Kinderparties und Geburtstage stellen für mich kein Problem dar, wenn sie mit Vier-Uhr-Mahlzeiten (sprich Kuchen) geregelt werden können. Offenbar habe ich deine Kochallergie mit der Muttermilch eingesogen. Der Abscheu dagegen und vor allem das mangelnde Selbstbewusstsein, so etwas wie ein Gericht zu schaffen, das kommt von dir, meine Liebe!

Aber wozu wollen wir über solche Banalitäten wie Kochen streiten. Um das geht es ja gar nicht.

Da gibt es doch viel Wichtigeres, was du mir einfach nicht gesagt hast. Verschwiegen, ignoriert, bagatellisiert, tabuisiert. Kein Ton von Dingen wie Abort, ständigen Ängsten um das Wohlergehen der Kinder, Wechselbäder der Gefühle (saunaartig: in der Hitze der Liebe zu dem kleinen Wurm und dem kalten Wunsch, endlich mal wieder man selbst zu sein, unbeschwert, ohne Verpflichtung und Verantwortung durch die Straßen zu gehen, ohne Zeitdruck ein Schaufenster anzusehen, ohne Geldnöte einfach etwas zu kaufen ...). Keinen Ton hast du von den Zweifeln verlauten lassen, eine gute Mutter zu sein. Denn weiß Gott, diese guten Mütter gibt es wie Sand am Meer. Du findest sie im Supermarkt, beim Arzt, auf dem Spielplatz, später am Krippenfest oder am Kindergarteninfotag. Diese wundervollen Mütter, adrett gekleidet, sich nimmermüde, liebevoll und geduldig ständig um den Nachwuchs kümmernd, deren Weltinneres aus neuen Kochrezepten (da haben wir sie wieder), tollen Ausflugsmöglichkeiten oder Schnäppchenpreisen besteht. Nie würden solche Mütter innerlich vor Aggression fast zerbersten, weil das Kind nicht einschlafen will, nie schreien diese Mütter ihre Kinder an, nie hocken diese Mütter entmutigt vor großen Wäschebergen, nie wünschen sich diese Mütter einfach eine Woche für sich allein oder einfach ein Gespräch, in dem es nicht um Kinder geht.

Auf dieses Anforderungsprofil hast du mich nicht vorbereitet. Wirklich nicht. Du hast meinen Individualismus gefördert, der mir nun dauernd in der Selbstaufgabe für meine Kinder fehlt. Du hast mein Selbstvertrauen aufgebaut, alles Job- und Lebenstechnische mit links zu meistern, nur den Küchenteil hast du dabei vergessen. Du hast meine Intelligenz geschärft, meinen Hunger nach Literatur geweckt, meine kreative Seite gefördert, mich die Frau werden lassen, die ich heute bin. Alles wunderbar. Nur sind leider für das Muttersein diese Eigenschaften nur bedingt tauglich und förderlich.

Schlimm genug, dass du mich nicht vorbereitet, nicht aufmerksam gemacht, keine geschickten Fragen als getarnte Vorwarnung gestellt hast. Du hast mir noch ein zusätzliches Problem aufgehalst. Die Emanzipation. So bin ich eine arbeitstätige Frau, die ihren Job liebt, die managt, herumwetzt, Konzepte entwirft und umsetzt, Meetings abhält, zweisprachig, in der Schweiz zu Konferenzen und Gesprächen herumreist und dabei oft nicht einmal an ihre Kinder denkt. Aber am Abend, nach elf Stunden tougher Arbeit, nachdem um sechs Uhr der Tag schon damit begann, sich selbst arbeitsweltauglich herzurichten, Frühstück auf- und abzudecken, Kinder anzuziehen und an den verschiedenen Betreuungsplätzen abzuliefern, geht es nahtlos weiter mit Nachtessen kochen (KOCHEN!), Küche aufräumen, Qualitätszeit mit Kindern verbringen, ausgedehntem Schlafritual und dann: Haushalt, Beziehungsarbeit, Sozialdienste, Telefonterror, Internet ... STOPP. Aufhören. Diese Aufzählungen helfen auch nicht weiter! Kurz. Diese Emanzipation und damit verbunden mein Job stellen mich vor die Zusatzaufgabe, auch noch meine physische Absenz und die ständigen Schuldgefühle auszugleichen. Garniert ist dieser Cocktail (Schuldgefühle, mangelndes Mutter-Selbstwertgefühl und miserable Kochkünste) noch mit der Kirsche der organisatorischen Höchstleistung. Und das alles ohne Gebrauchsanleitung. Denn Vorbilder gibt es keine, fast keine. Und die Familien, die es emanzengerecht aufteilen, sind ebenso am Strampeln wie wir und sozusagen in der Testphase dieses Alpha-Modelles.

Wenn ich wenigstens einfach so ein Wesen wäre, das in seinen Genen das Programm hätte: Baby = Verzicht auf alle

Selbstverwirklichung, zwanzig Jahre Rückzug aus Gesellschaft und Arbeit, und das alles mit unsäglicher Harmonie und innigem Glücksgefühl. Nur, ich habe dieses Frauengen bei mir nicht gefunden. Du hast also ganze Arbeit geleistet, vor dir steht das Produkt deiner eigenen Emanzipation. Bravo.

Jetzt habe ich mich in meiner Wut und inneren Verzweiflung in tausend Themen verheddert. Außerdem murrt Lucie schon zum wiederholten Male, wahrscheinlich kämpft sie mit dem nächsten Zahn. Ich habe einmal ausgerechnet, wenn sie bei jedem Zahn sieben Nächte nicht schläft, dann ist das knapp ein halbes Jahr meines Lebens, in dem ich wegen Zahnens nicht schlafen konnte. Mal zwei Kinder, macht ein Jahr. Kein Kommentar.

Das Wort Schlafen erinnert mich sowieso daran, dass ich eigentlich hundemüde bin und besser ins Bett verschwinden sollte. Und damit diesen Brief beende, vorläufig auch die Schimpftirade und Vorwurfsliste, was nicht heißt, dass ich nicht gerne eine Antwort darauf hätte.

Schlaf gut.

Maya
(immer noch wütend)

2 An die Wuttochter

Liebe wütende Maya,
die Antwort kannst Du gerne haben. Ich kann Dir sogar verschiedene Variationen anbieten!

Ich könnte zum Beispiel alles von mir weisen, könnte sagen, welche Frechheit, mir derartige Vorwürfe an den Kopf zu werfen! Ich könnte argumentieren, verdammt, ich habe mir wahnsinnig viel Mühe gegeben, nur Dein Bestes gewollt, mich rund um die Uhr um Dich und um Deine Schwester (!) gekümmert, und glaub ja nicht, Du seist ein kleines Engelchen gewesen, das immer dann geschlafen hat, wenn wir es gerne gehabt hätten. Du hieltest uns auf Trab, tagaus, tagein, na ja, das kennst Du ja nun selbst! Aber ich könnte mir auch den obligaten Muttermärtyrerblick aufsetzen, mich an die Stirn fassen, dabei gleichzeitig seufzend mit waidwunder Opferstimme beinahe tonlos von mir geben: Womit habe ich das verdient? Ich könnte mit Pauken und Trompeten ins feministische Credo einstimmen: Klar. Logisch. Kennen wir. Mütter sind an allem schuld. Und was ist mit den Vätern, den säumigen, windigen Drückebergern, den Nullnummern und Schaumschlägern vom Dienst?

Oder aber ich könnte auch anders antworten, einen Moment innehalten und diese verdammt unangenehme Spannung aushalten, die einen in Atem hält, wenn man plötzlich auf der Anklagebank sitzt, so jäh und unerwartet. Und dann, statt lauthals in die Opposition zu starten, an jene Stelle in der eigenen Seele hinrobben, wo wir lieber nicht genau hinschauen mögen, weil so viele Vergangenheiten übereinander und ineinander gestapelt sind, ungeordnet wie auf dem Dachboden, wo alles ineinander verschlungen ist und vor sich hingammelt, was nicht im Alltag Verwendung findet. Ja, und sich dann dem mit einer dicken Staubschicht belegten Abgeschobenen, Ausgegrenzten stellen, die gräuliche Dreckschicht wegrubbeln und hinschauen. Klipp, klar und irgendwie in kühnem Schwung Bilanz des eigenen Daseins ziehen, da, wo es keine Hintertüre gibt, keine Schummeleien für Beschönigungen, keine Rechtfertigungen und Entschuldigungen, dann allerdings kann ich nur ganz schlicht und einfach sagen: Jawohl, Du hast Recht. Ich habe es versäumt, Dich zu warnen, habe Dir nicht gesagt, was es heißt, Mutter zu sein, eine emanzipierte noch dazu.

Obwohl, ich erinnere mich sehr gut daran: Neben der unbändigen Freude über Deine Schwangerschaft schlichen sich gleichzeitig bange Gefühle in mein Gemüt. Trotzdem, es hat mich damals einfach erwischt. Es war an Heiligabend. Ich hockte noch in Frankreich, hatte bereits alles in Kisten für den bevorstehenden Umzug in die Schweiz verpackt. Felix und mir war die Festlichkeit abhanden gekommen, ich glaube, an diesem Abend raffte ich mich nicht einmal auf, den obligatorischen Weihnachtskartoffelsalat zuzubereiten (den Du übrigens in der Aufzählliste meiner Kochkünste vergessen hast). Dann öffnete ich Deinen Weihnachtsbrief, las die frohe Botschaft, Weihnachtsbotschaft, die mich mit einem Schlag in jene Gefilde hineinkatapultierte, für die ich unter normalen hormonellen Verhältnissen lediglich ein müdes Lächeln übrig habe. Von Felix, der, je älter er wird, umso senkrechter startbereit, sich in wolkiger Himmelsrührseligkeit zu ergehen, tränenfreudenreich flankiert. Und so lagen wir uns in den weihnachtlichen Armen, ihr Kinderlein kommet. Die Bangigkeit indessen ließ nicht lange auf sich warten. Noch in derselben Nacht packte sie mich am Schopf. Schließlich weiß ich, wie ein Kind das Leben verändert, vor allem das der Frau. Was wird aus meiner wundervollen, gescheiten, erfolgreichen Tochter? Wie wird sie ihre Karriere gestalten können, alles so unter einen Hut gebündelt bekommen, dass sie einerseits liebende und fürsorgliche Mutter sein kann und gleichzeitig ihre Fähigkeiten beruflich umzusetzen vermag? Ich wagte nicht daran zu denken, denn mir war schon damals klar, dass es eine Gratwanderung werden würde zwischen einwandfrei funktionierender Organisation und Flexibilität einem Kind gegenüber, das z.B. nicht in die Krippe gebracht werden kann, weil es krank ist. Zudem wagte ich auch nicht daran zu denken, dass ich Dir in diesem Stress nicht beistehen kann, da ich selbst, wie Du weißt, selbstständig berufstätig und nicht rundum altersmäßig abgesichert und verrentet bin und wahrscheinlich noch viele Jahre für meine eigene Existenz aufzukommen habe, was ich einerseits als besonderes Privileg erachte, so einfach am Ball bleiben zu müssen, am Pulsschlag des Lebens, was ich andrerseits aber ziemlich beschissen finde und mich gleich mit weiteren Schuldgefühlen befrachtet. Es gibt Frauen, die waren schlechte Mütter und bügeln das hinterher aus, weil sie sich zu hervorragenden Großmüttern mausern und immer dann einspringen, wenn Not an der Frau ist. Ich habe diese Möglichkeit nicht und bin ganz froh, dass ich nicht Gefahr laufe, in eine neue Zudienfalle hineinzutappen, und dafür sorgen muss, dass Großväter weiterhin unbescholten die ruhige Rentnerkugel schieben.

Wie auch immer und trotz allem liebe ich Dich, auch wenn Du noch so die Sau rauslässt.

Deine Mami

3 Achtung, Spinnenfrau

Liebe Mami,
(beachte bitte das liebe ...) Bin eigentlich schon nicht mehr so wütend. Dein Brief hat mir den Wind einfach – paff – aus den Segeln genommen. Verstehe deine Antwort. Stell dir auch vor, du hättest mich wirklich gewarnt ... Ich wäre noch saurer auf dich gewesen, wenn du mit all den Horrorgeschichten gekommen wärst. Hätte es gemein und geschmacklos gefunden, wenn du mich vor all den Realitäten gewarnt hättest. Schwamm drüber. Themawechsel.

Erinnerst du dich noch, wie du mir Astrid Lindgren vorgelesen hast? Nun lese ich meiner Tochter aus «Karlsson vom Dach» vor. So wie der Karlsson vom Dach der beste Spaßmacher der Welt ist, heißa hoppsa, bin ich wohl die beste Spinnenfrau der Welt. Aber nicht etwa wie Superwoman, die sich elegant, schlank und rank über die Dächer von New York dahinschwingt. Nein, wohl eher wie eine gehetzte Spinne, die versucht, mit ihren langen, haarigen Beinen die vielen Fäden nicht zu verlieren, die sie gleichzeitig am Spinnen ist. Heißa hoppsa.

Wie ich zum Spinnenvergleich komme? Weil ein lumpiger Friseurtermin mich in die tiefsten Untiefen meines selbstgebastelten Systems wirft! Weil mich der Besuch von Alva an den Rand meiner Zeitorganisation treibt! Weil mein ganzes Leben in Viertelstundentranchen auf- und eingeteilt wird!

Weil mich mein Vorhaben, dem Babybäuchlein von vier Schwangerschaften und zwei Geburten endlich den Garaus zu machen, total frustriert! Am Willen fehlt es nicht, sondern an der Zeit. Kurz: mein Optimierungszwang ist der nackte Wahnsinn.

Ich sehe schon, du schüttelst den Kopf. Klar. Es tönt jetzt alles etwas wirr, von Karlsson zum absoluten Irrsinn. Heißa hoppsa. Ich erkläre es auch gleich.

Also der Friseurtermin. Wohlweislich meine Zeitnöte bedenkend, habe ich mich nun schon drei Wochen im Voraus um einen Termin bei der Friseuse bemüht. Denn, das kennst du selber, irgendwann schaust du dich am Morgen im Spiegel an und findest, JETZT muss es sein. Und dann muss es jetzt sein, sofort, heute oder morgen, aber ganz sicher diese Woche. Und dieses Gefühl kann ich mir in Anbetracht meiner Zeit-Jonglage einfach nicht leisten. Denn du kannst sicher sein, dass ich heute und morgen in meinem dicht gewebten Spinnennetz keine Zeitlücke finde. Also habe ich mir diesen Moment, wo es zu spät sein wird, im Vorfeld ausgerechnet. Noch so und so viele Sonnentage (siehe Wettervorhersage), die die Haare schneller ausbleichen, der Ansatz nun schon gut 1 cm sichtbar, die Spitzen etwas strohig, aber noch nicht hexenhaft. Gut, spätestens in drei Wochen muss es sein. Meine liebenswerte Friseuse gab mir drei Termine zur Auswahl. Ich rufe sie zurück, war meine Antwort.

Also beginne ich zu brüten. Dieser Termin über Mittag ist nicht machbar, ich arbeite, da kann ich schlecht drei Stunden Mittag machen. Obwohl selbst Chefin (und Chefs erlauben sich so was ja doch hin und wieder), habe ich in solchen

Situationen einen wirklich unpraktischen Loyalitätssinn und außerdem – wann erledige ich all die Arbeit, ich habe ja nur drei Tage Zeit pro Woche? Also unmöglich.

Der andere Termin ist früh am Morgen, aber allenfalls wird das DER Estelle-Tag sein. Weil Maxis Hütedienste für drei Wochen wegfallen zwecks Sommerferien, musste ich mich anders organisieren. So nimmt meine geliebte Schwester Alexandra, die, wie du weißt, eigentlich nur die Patin von Estelle ist, aber von beiden als «Gotti» bezeichnet wird, die zwei Mädchen Dienstag und Mittwoch zu sich, damit ich arbeiten kann. Da aber die Krippe am Donnerstag noch offen hat, könnte ich Lucie trotzdem in die Krippe geben und einen GANZEN Tag mit Estelle verbringen. Endlich mal meine große Tochter genießen. Wie sehr vermisse ich sie in all dem Trubel. Wie sehr nimmt mich Lucie dauernd in Beschlag. Wie sehr spielt auch Erik lieber mit der Verständnisvolleren, Älteren. Und von dieser wertvollen Zeit soll ich nun drei Stunden für die Schönheit hergeben? Nein.

Oder am Samstag wäre noch ein Termin frei? O je, nachdem ich Erik vier Tage hintereinander nicht gesehen habe, weil jeder so viele sonstige Verpflichtungen hat, will ich doch endlich mal ein normales ruhiges Wochenende en famille verbringen. No way.

In dieser Unentschlossenheit blitzt der Gedanke durch den Kopf, dass die Kinder allenfalls eine Nacht länger bei der Patin bleiben und somit der Donnerstag-Termin irgendwie wieder günstig wäre. Aber nein, da hätte ich ja einen halben Tag so ganz für mich allein, und ich müsste dann zum Friseur? Also rufe ich meine Schwester an, versuche den Zeitraum abzustecken. Bekomme aber keine verwertbare Antwort; lass uns Mittwoch nochmals telefonieren, dann entscheiden wir spontan. Okay.

Vor lauter Zahlen und Zeiten brummt mir der Kopf. Verdammt noch mal. Ich kann eigentlich nicht zum Friseur. Was ich auch mache, irgendwo stehle ich die Zeit, die es dafür einfach nicht gibt. Jetzt muss ich mich entscheiden, wo ich sie hernehme. Nach weiteren zehn Minuten kommt mir die Spinnenfrau zu Hilfe. Ich melde mich am Donnerstag an. Wenn Estelle da ist, dann werde ich die drei Stunden unter der Hitzehaube damit verbringen, ihr vorzulesen, mit ihr zu malen und Spiele zu machen. Dann wäre die Zeit doch sinnvoll in unsere vernachlässigte Beziehung investiert. Und wenn die Mädchen eine Zusatznacht bleiben, dann muss ich eben die freie Zeit dafür opfern, könnte aber wenigstens drei Stunden lang in meinem neu erstandenen Buch «Warum Mama eine rosa Handtasche braucht und andere Geheimnisse glücklicher Mütter» lesen. Der Titel hat es mir angetan. Verständlich.

Kommen wir zum nächsten Punkt. Meine heißgeliebte und beste Freundin Alva. Vor zehn Jahren wegen einer Meditationsausbildung zu den Lamas ausgewandert und seither in Indien wohnhaft. So kommt sie nur etwa jedes zweite Jahr für einige Wochen in die Schweiz. Doch selbst die seltenen Telefonate und die unregelmäßigen Briefe (einige kommen ja auch nicht an) hat unsere Herzensverbundenheit nicht schwächen können. Du kannst dir vorstellen, wie es mir geht, wenn sie in die Schweiz kommt. Sie wird Priorität Nummer eins, denn wie zwei abgemagerte Kamele nach der langen

Wüstenwanderung, jede für sich auf einem anderen Weg, treffen wir uns in der Oase Schweiz und saufen uns mit Wasser (Aufdatierung alles Geschehenen) voll und legen Fett an (Vertiefung unserer Zuneigung) für die nächste Tour.

Und genau diese Intensität und dieser Wunsch bringen mich erneut in Teufels Küche. Denn Alva hat dieses Mal Typhus und ist immer noch geschwächt, muss sozusagen zur Erholung in die Schweiz. Ist ja klar, dass ich sie besuchen gehe (jeder Weg eine halbe Stunde). Und dann bitte sehr ohne Kinder, denn wenn die da sind, dann kann man ja kein vernünftiges Wort wechseln. Da hat Alva Recht. Vielleicht auch noch so einen ganzen Tag, wo man Quatschen und Kuchen essen kann, ein bisschen Shopping machen und zwischendurch einen Sprung in den erfrischenden Bodensee? Das ist ein traumhafter Vorschlag.

Achtung, Maya, die Spinnenfrau kommt. Sie streckt und reckt sich, erforscht bei jedem Tag die möglichen Lücken und Verschnaufpausen. Verbindet, optimiert. Ja, wenn ich die Kids zur Patin bringe, auf dem Rückweg. Dann auf dem Weg zu Opas Geburtstagsfest, da gehe ich früher vom Geschäft (für Loyalität gibt es diesmal keinen Platz). Und am Wochenende wird die Familienidylle reduziert, kein Erik, keine Kinder. Und so fahre ich zu Alva mit wehenden Fahnen und grimmiger Wut. Mit inniger Freundschaftsliebe und einem Stück Empörung. Hat die Gute eine Ahnung, wie viel mich dieser Besuch kostet? Weiß sie um mein haariges Spinnengewebe?

Und wenn sie mir dann erzählt, sie hätte die letzten fünf Tage schön ausgeschlafen und überlege sich nun, welche

Bücher sie lesen solle, da könnte ich doch glatt vor Neid platzen.

Sich überlegen! Das ist der erste Luxus. Weil ich keine Zeit zum Überlegen habe und am Ende eines Tages um 23 Uhr sowieso schon im Rotbereich des Energietankes angelangt bin, taumle ich nur noch ins Bett. Meine Überlegungen kreisen um die Spinnenfrau. Tag und Nacht.

Bücher! Das ist die zweite Frechheit des Satzes. Klar liegen bei mir auch Bücher rum. Aber fertig lesen kann ich nur jeden zweiten Monat eines. Das ist eine ständige Belastung, so viel Angefangenes im Spinnennetz herumhängen zu haben. Aus diesem Grund liegen Hefte, Artikel und Kurzgefasstes an allen möglichen Orten herum (in der Illusion, dies gehe schneller). Der zeitloseste Ort überhaupt ist das Klo. Mehrmals am Tag liegt diese Zwangslage vor. Zwei, drei Minuten mehr darauf zu verbringen, bringt das Spinnengewebe nicht aus dem Gefüge. Also schnell wie in der Zeitmaschine aus dem Geschehen austreten, kurz in eine andere Gedankensphäre schlüpfen, hier fünf belanglose Sätze, dort ein kurzer intensiver Abschnitt und zurück zum Zeitgewebe. Wie ich doch nach diesen Pausensnacks dürste.

Über das Wort AUSschlafen werde ich mich kurz fassen, da es seit sieben Jahren aus unserem Vokabular gestrichen ist. Meine Mädchen sind wohltrainiert, der erste gebrochene Lichtstrahl, und das frohe Kikeriki ertönt unvermittelt. Und zwar an jedem Wochentag. Das Wort SCHLAFEN hingegen würde weitere Seiten füllen. Wenn ich für jede qualvolle WACHE Minute, die ich verzweifelt neben der knurrenden, murrenden, sich windenden Lucie stand, zu irgendwelchen

Nachtzeiten, einen Kieselstein legen würde, dann gäbe dies wohl locker einen Landweg nach Indien.

Siehst du mein Problem? Ich liebe Alva, ich will sie sehen, muss aber so viel herumdrehen, organisieren, irgendwo stehlen, dass ich schon keine reine Liebe für sie mehr empfinden kann. So bekommen selbst die tollsten Sachen einen sauren Beigeschmack.

Mein Tag ist in Viertelstunden aufgeteilt. Jede Viertelstunde hat eine Aufgabe. Es gibt keine Luft zum Atmen. «Du machst zu viel, komm doch ein wenig runter», ertönt es von allen Seiten. Lieb gemeint, aber zwecklos. Was soll ich denn weniger machen? Weniger Arbeiten? Kann und will ich nicht. Denn meine Managementposition in 60 % zu halten, ist schon anstrengend genug, das kann ich nicht minimieren. Rein vom Arbeitsaufwand nicht. Auch nicht finanziell.

Den Haushalt herunterschrauben, das mache ich ja. Erstens haben wir ja die Putzfee. Aber seien wir ehrlich, das ist ein Tropfen auf den heißen Stein. Es ist geputzt am Donnerstag. Und ab Freitag sieht es stellenweise schon wieder katastrophal aus. Meine Gangart in unserem Haus ist sowieso gebückt. Kein Schritt in irgendein Zimmer wird nicht sofort kombiniert mit einer logistischen Handbewegung. Gleich den Schoppen mit in die Küche nehmen, von dort die Malsachen ins Büro transportieren. Während des Zähneputzens gleich das Kartenspiel von Lucie vom Boden auflesen. Nur in Ausnahmefällen setze ich mich beim Telefonieren einfach nur aufs Sofa und höre zu. Ich räume meistens gleichzeitig noch etwas auf. Nicht weil die Gespräche so langweilig wären. Einige schon. Aber einige auch nicht. Ich kann es mir einfach nicht leisten, eine halbe Stunde nur zu reden, ohne nichts dabei zu machen. Es würde Zeitlöcher in mein Spinnennetz reißen, die es später mit einem unheimlichen Energieaufwand zu stopfen gälte. Und weil ständig Chaos herrscht und nur donnerstagabends nach dem Putzfrauenbesuch wirklich von Ordnung und Sauberkeit geredet werden kann, bin ich unbewusst ständig aufgefordert aufzuräumen. Außerdem ist das Telefonieren und gleichzeitige Aufräumen ein wunderbares Mittel, den inneren Schweinehund auszutricksen. Denn während ich intensiv der Stimme am anderen Ende lausche, merke ich gar nicht, wie das eine Spinnenbein hier aufliest, dort sortiert, das andere Spinnenbein einräumt, versorgt und entsorgt. Sozusagen schmerzlos.

Überhaupt fällt mir gerade ein, dass ich fast nie nur eine Sache mache. Während ich dies schreibe, vibriert der Personal Gym Lady an meinem Bauch. (Ein weiteres Mittel, die Zeit für den Anti-Baby-Bauch-Sport einzusparen. Es gibt ja Frauen, die durch Stress abnehmen und abmagern, ich gehöre zu denen, die bei Energiehochdruck Lust auf Schweinereien bekommen, leider.) Während des Autofahrens telefoniere ich mit Vorliebe, natürlich mit dem Headset und handfrei, so kann ich diese tote Zeit nutzen. Während ich lese, wirkt die Gesichtsmaske ein. Während ich eine DVD ansehe, flicke ich Estelles Röcklein, sortiere die Fotos oder stricke an der Jacke weiter. Eigentlich schon pervers.

Einfach etwas NICHT machen, wäre eine andere Perspektive der Zeitersparnis. Doch darin bin ich mies. Manchmal lasse ich stundenlang oder tagelang Dinge unangerührt.

Wobei ich mich dazu zwingen muss. Gerade jetzt, während ich diesen Brief schreibe, zergeht die Butter in der Küche, das Brot wird alt, der Käse schwitzt vor sich hin. Erik ist dran mit Aufräumen. Und er macht es nicht vor 23 Uhr, denn er hat ein eigenes Vorgehensverfahren: zuerst der Spaß, dann im Müdigkeitstaumel das Unausweichliche. Und das muss ich nun aushalten. Obwohl es mich jedes Mal juckt, alles Wichtige schnell in den Kühlschrank zu räumen, wenn ich mir ein Wasser oder einen Keks hole. Wenn ich mich so betrachte, von der Vogelperspektive aus, bin ich eigentlich ständig eine Spinnenfrau. Den einen Faden legend, den anderen schon spinnend.

Auch der gute Rat von dir, einfach noch mehr Babysittermöglichkeiten aufzutreiben, ist unwirksam in diesem System. Denn ich will meine Kinder sehen. Am Freitagabend freue ich mich auf sie. Habe sie vermisst, möchte mit ihnen zusammen sein. Und dann fällt der Ausflug mit Alva zum Shopping und Kuchenessen eigentlich total ungünstig. Ich wäre lieber mit meiner Familie zusammen, würde mich gerne von der Minus-Mami ins Plus verwandeln, als mit Alva über das Leben zu philosophieren.

Apropos zuhören. Ich hätte nie gedacht, dass ich schon so weit bin, dass ich das Telefon einfach nicht mehr abnehme. Ich sehe nämlich nicht auf dem Display, wer mich anruft. Und darum nehme ich es phasenweise einfach nicht mehr ab. Denn alle, die anrufen, wollen etwas von mir. Selten etwas Kurzes. Sondern sie haben entschieden, dass sie mir JETZT etwas erzählen wollen. Ihre Erwartungen an mich ist meist: gut zuhören, die psychologische Schnellanalyse liefern und als Krönung gleich meine Dienste für Weiteres anbieten. Und weil ich einfach immer noch mies im Neinsagen bin, nehme ich das Telefon einfach nicht mehr ab. Ruf mich also bitte auf meinem Handy an, dann sehe ich die Nummer und kann dann zurückrufen (das nächste Mal, wenn ich Auto fahre oder aufräume).

Zurzeit ist eine gute Freundin jemand, der mich in Ruhe lässt. Ich könnte eigentlich einen Spruch auf den bisher nicht aktivierten Anrufbeantworter sprechen: «Sorry, das Zeit- und Energiepensum des Adressaten ist momentan überbucht. Versuchen Sie es ein andermal. Und hinterlassen Sie auch keine Nachricht, Rückruf ungewiss.»

Ich hätte dir noch viel zu erzählen von der Spinnenfrau. Doch gerade hat mein Blick die Computeruhr gestreift, die Viertelstunde fürs Zubettgehen ist angebrochen. Eventuell noch mit einer kurzen, zeitlosen Verlängerung der Zeiteinheit auf dem Klo. Energietanks leer. Heißa hoppsa und gute Nacht.

Spiderwoman Maya

4 Heißa hoppsa

Liebes Spinnenmädchen,
wahrlich, wer hätte denn gedacht, dass die alten Fettnäpfchen noch immer herumstehen, in die ich selbst vielfach hineingeplumpst war. Sie sind also alle noch da, hinter jeder Ecke, unterm Fensterbrett, an der Decke hängend, getarnt in Ritzen, vielfach bereit, irgendeine durchgedrehte Spiderwoman, die versucht, die Fäden zwischen den frisch lackierten Fingernägeln in der Modeschmuck garnierten Hand zu halten, sich selbst die Illusion zu vermitteln, alles im Spinnengriff halten zu müssen. Alles wohlbekannt, mit der verknauserten Zeitökonomie klarzukommen, mit jeder Minute zu geizen, jede Zeiteinheit fünfmal rumzudrehen, mit immer neuen schlauen, ausgeklügelten Konzepten den hoffnungsvollen Versuch zu unternehmen, Herrin der Lage zu sein.

Aber dass ausgerechnet meine eigene Tochter da hineintrampelt, kein einziges Näpfchen auslässt, damit habe ich nicht gerechnet. Meine Tochter! Ja, ich blickte einst stolz und so richtig zufrieden auf Dich, wie Du während Deines Studiums Dein Lesepensum wohltemperiert organisiertest. Nicht fünf Bücher gleichzeitig lesend, das eine von vorne, das andere von hinten, die übrigen quer, wie unsereins. Nein, eine Seite nach der anderen genüsslich lesend, sich selbst beim Umblättern noch ein taktil sinnliches

Erlebnis zuführend, selbstverständlich olfaktorisch und gustatorisch flankiert von herrlich duftenden Tees aller Arten und Sorten. So muss es sein, dachte ich damals, die Welt ist in Ordnung, nein, mehr noch: Die Zukunft der weiblichen Welt ist in Ordnung. Einerseits entschädigte mich Dein Anblick für meinen eigenen Stress, den ich täglich im Zuge meiner Selbstständigkeit zu bewältigen hatte, andererseits war das Gefühl, endlich der Hausfrauengaleere zu entkommen, endlich beruflich mitzuhalten, mich zu entfalten, derart berauschend, dass es mir nicht einmal in den Sinn gekommen wäre, mich über den dürftigen Pausensnack auf dem Klo zu beklagen, den ich übrigens nicht wie Du mit anspruchsvoller Lektüre verbrachte, sondern mit Modezeitschriften. Wenigstens in dieser Angelegenheit sind wir einen Schritt weitergekommen. Die Freude über die neu gewonnene Freiheit war zu groß, betäubte sämtliche Schmerznerven, ja, ich gebe es zu, ich hätte auch noch den Gotthard in Joghurtbecher abgefüllt, wenn es denn hätte sein müssen. Damals dachte ich oft: Das ist die eigentliche Menschwerdung. Falls Dir das zu pathetisch klingt, will ich es Dir gerne erklären: Emanzipation bedeutete für mich, das einengende Korsett, das Frauen wie eine zweite Haut über Jahrhunderte übergewachsen war, zu sprengen. Alles, was man uns über die Unfähigkeit eingeredet hat, zu hinterfragen und sich selbst eine Meinung zu bilden und grundlegend zu korrigieren. Durch wirtschaftliche Unabhängigkeit vom unmündigen Dasein befreit sein, selbst bestimmend, selbstverantwortlich, alles, was in einem an Fähigkeiten und Talenten schlummert, aus dem Dornröschenschlaf zu wecken und zu entfalten, kurz, aus dem Vollen des Lebens schöpfen. Emanzipation war die totale Verweigerung, sich wie unsere Mütter und Großmütter die Flügel stutzen zu lassen und wie Suppenhühner auf dem Boden zu hocken, sondern die Schwingen auszubreiten und frei durch die Lüfte zu schweben, überall mitzureden, zu entscheiden, zu partizipieren.

Die Überforderung, dass wir neben unseren gewonnenen Luftfreiräumen gleichzeitig auch noch das Bodenprogramm mit Haushalt und Familie zu bewältigen hatten, haben wir dank der Morgenluftwitterung nicht wahrgenommen.

Nun, das Zeitrad hat sich weitergedreht, inzwischen schiebe ich die etwas ruhigere Kugel, lasse mir die sich verdammt gut anfühlenden Dünndruckseiten eines dicken, achthundert Seiten starken Schmökers durch die Finger gleiten, ebenfalls von Tee begleitet. Während Du mit mir telefonierst und mit der anderen Hand die Spülmaschine ausräumst, fläze ich auf dem Sofa, mache mir in ein besonders für wichtige Telefongespräche bereitliegendes Buch mit Goldschnitt Notizen. Wir könnten also auch sagen, Deine ständige Überforderung sei eine Angelegenheit einer bestimmten Altersphase, Geduld also, ein Schiff wird kommen, in zwanzig Jahren wird Dein Leben nicht mehr in Viertelstunden eingeteilt werden müssen, sondern da beginnt eine andere Zeitrechnung, wie etwa vor oder nach der Hüftgelenkoperation oder der Zahnimplantation. Somit wäre die Welt wieder in Ordnung. Und damit sind wir in eine neue Falle getappt, nämlich diejenige anzunehmen, dass alles seine Ordnung habe. Und genau dies ist nicht der Fall. Alles, was Du beschreibst, ist deshalb ein Problem, weil Du weiblichen Geschlechts bist und wir in einem durch und durch patriarchalen Ordnungssystem leben! Wir haben in dieser patriarchalen Gesellschaft noch immer die Arschkarte, so ganz nach der Logik, wenn wir Frauen schon den schöneren Arsch besitzen, dann müssen wir auch dafür büßen, heißa hoppsa, sonst landen wir eben auf dem Hintern. Wenn frau sich emanzipiert und aus der ihr seit Jahrtausenden zugedachten Heimchen-am-Herd-Rolle ausbricht, muss sie eben selbst schauen, wie sie damit zurechtkommt! Während wir Alt-Emanzen noch betäubt vor Glück waren, endlich alles, was an Fähigkeiten in uns steckte, umzusetzen, nimmt Deine Generation – oder wenigstens einige von ihnen – die immense Überforderung wahr und jault auf. Ihr habt Euch bereits daran gewöhnt, dass theoretisch die Türen für alle beruflichen Bereiche offen stehen.

In dem Moment aber, wo Frauen Mütter werden, beginnt sich die Falle allmählich zuzuziehen. Vor allem akademisch gebildete Frauen riechen den Überforderungsbraten und werden erst gar nicht mehr schwanger. Kaum merklich hat sich ein Dauergebärstreik etabliert. Bei anderen, die das Wagnis eingehen, herrscht die Meinung vor, Emanzipation sei gar keine Frage mehr und längst verwirklicht. Versuch doch mal einer schwangeren, von Glückshormonen durchdrungenen Intellektuellen die auf sie zukommenden Schwierigkeiten aufzuzeigen. Du wirst ein mitleidiges Lächeln ernten, mehr nicht. Sie werden argumentieren, dass sich auch die Männer verändert haben und dass sie eben das große Glück hätten, einen solchen den ihren nennen zu dürfen, er habe sich ja so sehr über die Schwangerschaft gefreut, wolle durchaus auch noch bei der Betreuung seinen Teil dazu liefern (was auch immer darunter zu verstehen ist). So eilt manch ein postmodernes Pärchen gemeinsam zum Schwangerschaftsturnen, auch bei der Geburt hechelt der neue Mann noch mit, nur, hinterher? Hinterher geht vielen dann doch die Puste aus. Sie helfen zwar mit. Aber was heißt denn mithelfen? Wenn ich Zeit habe, mache ich das gerne. Wenn ich meinen Zeitplan so einteilen kann, will ich gerne auch mal den Kleinen übernehmen, auch mal einen ganzen Tag, und selbstverständlich habe ich auch schon eine oder mehrere Nächte übernommen. Diese Spezialleistungen wollen selbstverständlich auf dem Sonderkonto «neuer Mann» verbucht und gebührend gewürdigt werden – obwohl es nur ein Tropfen auf den heißen Stein ist. Du weißt selbst, auch ein interessierter Vater, der willig mithilft, ist immer noch zu wenig. Erik sticht aus dem Heer der Väter heraus, er will, er übernimmt, ist engagiert. Aber es reicht nicht. Partnerschaftliche Aufgabenteilung heißt: fifty-fifty. Alles andere reicht für eine echte Entlastung nicht aus. Zudem unterliegen die meisten Frauen einem weiteren verheerenden Rechenfehler, sie gehen davon aus, dass sie zu der auserwählten glücklichen Hälfte zählen, die lebenslang einen Partner an ihrer Seite haben. Bald jede zweite Ehe wird geschieden. Ein Drittel der Väter zahlt regelmäßig die Alimente, ein Drittel unpünktlich, unregelmäßig und gelegentlich gar nicht, und ein Drittel zahlt überhaupt nicht. Die Chancen, plötzlich allein erziehend und berufstätig dazustehen, sich eventuell noch mit Inkassoämtern herumzuschlagen, stehen günstig.

Vielleicht ist Dir nun die Lust vergangen weiterzulesen, Du bist sauer auf mich, denkst, das hat mir gerade noch gefehlt, eine, die auch noch Öl ins Feuer gießt, ich brauche Lösungen, keine Verstärkung meines Elends! Du hast Recht. Das denke ich auch. Bevor wir uns aber an Lösungen machen, benötigen wir eine genaue Analyse. Bevor ich nicht weiß, wo es in meinem Dach hineinschifft, kann ich auch nicht das Loch flicken, ich wechsle den falschen Ziegel aus oder reiße das ganze Haus ab. Seit bald dreißig Jahren mache ich nichts anderes, als genau hinzuschauen, zu analysieren und zu reflektieren. Bevor wir nicht das Gesamtpaket der Zusammenhänge begriffen haben, können wir nichts ändern! Bevor wir nicht die Geschichte unserer weiblichen Vorfahren begriffen haben, also unsere Wurzeln kennen, können wir nicht gezielt ansetzen. Also wozu eine Analyse? Die buddhistische Philosophie lehrt: Vom Denken gehen die Dinge aus, alles ist denkgeboren, denkgefügt. Weil wir alles zuerst einmal mit dem Hirn begreifen müssen. Damit wir nicht die falschen Ziegel auswechseln.

Was heißt das nun aber für die Spinnenfrau, die alles im Griff haben will oder meint, im Griff haben zu müssen? Dass sie als Erstes begreift, alles, was sie denkt, muss sie nochmals unter die Lupe nehmen, nochmals hinterfragen, um neue Denkschlüsse zu ziehen. Damit sie den alten Unsinn langsam ausmistet und dafür sorgt, dass die tägliche Hirnwäsche wirkungslos bleibt.

Ich lese die Zeitung, ich höre oder schaue mir Nachrichten an und denke dabei immer, was heißt das nun für Frauen, was heißt das für Männer: «Die vierjährige Aiko könnte einst Kaiserin von Japan werden – weil der Monarchie die Söhne fehlen.» Eigentlich eine harmlose Information. Vordergründig. Beginnt man aber über den Hintergrund nachzudenken, stehen einem die Haare zu Berge. 60% der werdenden Eltern wünschen sich einen Sohn! Je ungebildeter, umso größer der Wunsch nach einem Sohn. Klar. Ein Sohn kann Holzhacken, schwere Stämme schleppen und einem Feind die Fresse einschlagen. Heißa hoppsa.

Irgendwann kann Spinnenfrau gar nicht mehr anders, als mit einem superkritischen Blick durch die Gegend zu laufen. Dieser Blick wird sie davor bewahren, von sich selbst Unmögliches zu verlangen, wird sie davor schützen, sich ständig wieder selbst zu entwerten, weil sie ein Mammutprogramm in die Knie zwingt. Sie wird ihr Scheitern nicht als eine persönliche Niederlage verbuchen, sondern als eine kollektive Misswirtschaft erkennen. Damit nimmt sie sich selbst den Druck, Überdimensionales leisten zu müssen. Spinnenfrau wird erkennen: Es braucht einen Strukturwandel, und das heißt, selbst der hinterletzte Idiot muss begreifen, dass Frauen nicht auf der Welt sind, um irgendwelchen Bierbäuchen die Flaschen zu servieren, sondern voll entwickelte Hirnfunktionen besitzen. Der erste

Schritt in einen Strukturwechsel bestünde darin, dass jede Frau auf eine staatliche Kinderbetreuung zählen kann, die professionellen Ansprüchen genügt. Das gängige Argument fehlender Geldmittel sollte mit den Ausgaben für männliches Vergnügen relativiert werden: Die Schweiz gibt für Rüstung zwei Milliarden aus, Schweizer Männer geben für die legale Prostitution 600 Millionen aus, Schwarzfahrer nicht eingerechnet.

Solange die Politik die Zusammenhänge zwischen Geburtenrückgang und mangelnder Infrastruktur für Kinderbetreuung nicht erkennt, die in mitteleuropäischen Ländern von patriarchalem Denken untermauert ist – die paar Frauen an der Spitze machen den Kohl noch nicht fett –, bleiben Emanzipation und Gleichberechtigung weitgehend Privatsache mit Privatrisiko.

Heißa hoppsa.

Spinnenmami grüßt Spinnentochter –
vielleicht spinnen wir tatsächlich.

5 Die Versuchung oder endlich Auszeit

Liebe Alt-Emanze,
ich sehe, woher der Wind pfeift. Die alten Sprüche. Alice Schwarzer und Emma lassen grüßen. Ist ja okay, ihr seid die Vorläuferinnen, die Vorkämpferinnen. Offiziell ist Friede eingekehrt. Doch durch dich pulsiert immer noch die Energie der Freiheitsluft. Die Freiheit, alles zu machen, hat aber auch ihre Konsequenzen, schau mich an, schau meine Freundinnen an. Wir tragen das Gotthardgebirge in den Joghurtbechern ab (denn diesbezüglich hat sich nichts geändert!), aber bei Nummer 3000 macht jede mal schlapp. Ich bin sicher, auch du!

Eigentlich wollte ich dir an dieser Stelle von Erik vorschwärmen, der durch seine naturwissenschaftliche Haltung, alles zu erklären und zu erläutern (und zwar unerbittlich, präzise und so lange, bis es klar ist), schon einige Großerfolge bei den Mädchen erzielt hat. So erklärte mir Estelle kürzlich, weshalb es regnet, und konnte mühelos eine Pyramide dreidimensional darstellen: und zwar auf einer drei- und vierseitigen Basis. Aber da klingelte das Telefon, das ich ausnahmsweise mal wieder abnahm. Meine Freundin Helena.

Diese Freundin ist wohl die intelligenteste, hochbegabteste Frau in meinem Freundeskreis. Doktorat mit Bestnoten an der Eidgenössischen Technischen Hochschule, im Job stets die genaueste, verantwortungsvollste, zuverlässigste, präziseste Rarität. Zudem mehrsprachig, termineinhaltend und brillant. Umrundet von Männern mit weit tieferem IQ (EQ sowieso), aber viel besseren Ellenbogen. So schnappten ihr die Idioten stets die fetten Brocken vor der Nase weg. Doch da sich in ihrer Fachwelt schnell die wahren Koryphäen herumsprechen, wurde sie immer wieder für große Projekte angesprochen. Und während all dieser beruflichen Wirren und Machtkämpfe gebar sie zwei Kinder. Mit der Fähigkeit ausgestattet, mit wenig Schlaf auszukommen, tingelte sie mit ihren zwei Kids an ihren jobfreien Tagen (an denen jedoch dauernd ihr Handy klingelte) bei Freundinnen herum, um dann des Nachts noch die dringenden E-Mails zu beantworten oder die komplexesten Berechnungen aufzustellen. Dann noch ein Nachdiplomstudium. Dies vorweg.

Und eben sie rief mich nun an. Ein drittes Kind gehe ihr nicht mehr aus dem Kopf! Eigentlich dachte sie, das Kinderkriegen sei abgeschlossen. Doch nun lasse ihr diese Option keine Ruhe. Sie sei in Teufels Küche geraten, wisse nicht, wo sie die Prioritäten ansetzen solle, die Ausbildung weitermachen oder ihre Projekte vorantreiben oder eben zurück zu Mutter Natur und ein drittes Kind produzieren?

Ich will dir den ganzen Verlauf des Telefongesprächs nicht im Detail schildern. Nur so viel: Auf meine Frage, was sie denn am allerliebsten machen würde, wenn sie einfach so eine Wünschelrute in der Hand hätte, wurde ihre Stimme ganz leise. Etwas unsicher meinte sie: «Ich spiele sehr gerne mit meinen Kindern. Wir haben nun seit einem halben Jahr das Haus, die Kartons sind noch nicht ausgepackt. Am liebsten wäre ich einfach zu Hause. Und darum auch das dritte Kind, dann hätte ich auch irgendwie eine Rechtfertigung ...»

Eigentlich sollte ich doch nun als emanzipierte Frau innerlich aufjaulen, ein «Nein, wie kommst du nur auf eine solche Schnapsidee» müsste unmittelbar aus meinem Mund sprudeln. Eine sofortige Kalkulation der fehlinvestierten Staatsgelder an Hochschulen müsste in mir rattern. Doch nein. Ich nicke nur. Ja, ich kann dieses Gefühl soooooo gut nachvollziehen. Einfach innehalten. Dem Herumhetzen ein Ende bereiten. Hier kann ich deinen viel zitierten Buddhismus ausgraben: heimkehren, zu sich finden, die Verwurzelung spüren, sich einmitten, Ruhe haben. Mehr noch als Ruhe, **Harmonie**. Endlich das Gefühl haben, Übersicht sei angesagt. Endlich das Gefühl haben, es gebe Zeit in dieser Welt. Endlich alle Tätigkeiten ausdehnen können und sie nicht wie kleine Aperitifhäppchen anknabbern. Endlich die Liste für «zehn Rückrufe, vier Maschinen Wäsche, einen Großeinkauf, die Vorbereitung auf die Kindergartenreise und die Kleiderumstellung auf Winter» statt auf zwei jobfreie Tage auf fünf oder sieben Tage ausdehnen können. Welch Paradies.

Helena kann entscheiden, wie sie will, politisch gesehen, ist jede Richtung falsch: Entweder verschleudert Helena Steuergelder, die ihr Studium verschlungen hat, trägt aber etwas zur Rettung des verwaisten Akademikernachschubs bei, oder sie setzt bei einem gestrichenen dritten Kind einen weiteren Kieselstein für die kommende Implosion unserer Sozialsysteme. Dies nur so nebenbei bemerkt.

Ich verstehe sie also nicht nur, ich verspüre allsogleich Lust, es ihr nachzutun. Ach was, wozu sich abrackern! Wozu herumrennen! Damit die Kinderlein, endlich groß geworden, einem die mütterliche Absenz in ihrer Kindheit vorwerfen? Damit man ewig als Nummer zwei oder drei oder vier oder hundert im Jobwesen herumkrautet? Dass man damit das große Geld verdienen könne, um sich eines Tages ein nettes, unbesorgtes Altersdasein zu verschaffen, ist sowieso der größte Irrtum an der ganzen Sache.

Schnell gesehen: Ein Mann arbeitet 80 %, die Frau 60 %, gibt zusammen 140 %. Und 140 % wären ja mehr als 100 %. Diese Rechnung kann jedes Kind machen. Warum geht sie dann nicht auf? Weil bei 140 % eben noch die Abzüge dazukommen: Kinderbetreuung, zweites Auto, Auslagen für Repräsentationszwecke und nicht zu vergessen, die Handbremse beim Karriereauto. Bei den traditionellen 100 % des arbeitenden Mannes kommt der Turbomotor der fraulichen Unterstützung in Gang. Denn auch wenn der Mann nur mittelmäßig begabt ist, kann er schneller mehr Geld verdienen als der gescheiteste, bestausgebildetste 80 % Arbeitende, der die Emanzipation seiner Frau unterstützt, weil der mittelmäßige Mann im Hintergrund eine wohlorganisierte Frau hat, die ihm sämtliche sozialen, haushalterischen und elterlichen Verpflichtungen abnimmt. Und so kann er frei und ungebunden zum Sprint ansetzen. Während sich der 80 % Arbeitende müde von durchwachten Kindernächten, eingebunden im Haushalt und voll beladen mit Sozialleben schwerfällig auf die Rennstrecke der Karrieremacher schleppt.

Und somit haben wir die Rechnung: 60 % plus 80 % = 140 % minus 40 % gleich 100 % im emanzipierten Fall. 100 %

plus 30% Frauensupport gleich 130% im traditionellen Modell. Und voilà, der Trugschluss ist aufgedeckt.

Ganz ungünstig für die Familienidylle und -harmonie ist ein Zwitter dieser Rechnerei. Er arbeitet 100% im traditionellen Modell, doch seine Frau kann nicht der Turbomotor von ihm sein, sondern versucht das eigene Karriereauto mit ihren 60 oder 70% in Gang zu bringen, und so sausen beide mit rotblinkender Reservetankanzeige durch die Gegend.

Dann gibt es noch einen anderen Aspekt bei diesen Emanzipationsmodellen: Und das ist der Kollaps. Wie ich das meine, fragst du dich. Ganz einfach: Da rennen die Frauen, hetzen herum, versuchen verzweifelt, Kinder und Job unter einen Hut zu bringen, haben mehr oder weniger hilfsfreudige Männer (hat Einfluss auf ihr Renntempo), isolieren sich von der «sozialen Welt» und vergessen ihre eigenen Bedürfnisse, und eines Tages macht es einfach PENG. Ich habe einige dieser Kollapsszenen mitbekommen. Wie zum Beispiel diese Freundin Helena, die ihr Kind vom Kindergarten abholt und, während das Jüngste im Kinderwagen sitzt, einfach von einer Sekunde zur anderen zu Boden geht. Ein Schwindelanfall der höchsten Klasse hat sie erfasst, aus heiterem Himmel, gnadenlos. Sie liegt am Boden, kann nicht mehr aufstehen und erbricht. Das clevere Kindergartenkind eilt zurück und holt die Kindergärtnerin, welche den Notfallarzt avisiert. Das sirenenlaute Notfallauto muss lange suchen, es findet die Niedergestreckte nicht sofort, denn sie liegt auf nasskaltem Boden (es geschah im November) eines Spazierweges. Die beiden schreienden und schockierten Kinder werden von der Kindergärtnerin in anderen Familien verstaut, während der

Mann aufgeschreckt ins Spital eilt. Die Ärzte suchen und suchen, machen Checks um Checks, während Helena daliegt und ihr Hirn Karussell fährt. Diagnose: KEINE. Sie wissen nicht, was es ist. Es nennt sich einfach Drehschwindel. Voilà. Wäre sie Auto gefahren, wäre sie wohl einfach an den nächsten Baum gerast. Wäre der Spazierweg steil abgefallen, wäre das jüngste Kind im Kinderwagen einfach den Hügel hinabgerollt. Was hätte da wohl alles noch passieren können. Helena hatte einen Schock. Alle hatten einen Schock. Später einmal erzählte sie mir, dass sie oft ganz wahnsinnig geworden sei ob all der vielen Gedanken in ihrem Kopf. Es sei wie ein ewiges Karussell gewesen über das, wie sie alles unter einen Hut bringen müsse. Spinnenfrau lässt grüßen.

Die andere Freundin, Dorothé, hatte ein Kind, arbeitete 90 % und war Nummer zwei. Sie gab Vollgas, machte am Abend noch eine Weiterbildung, um den Anforderungen noch gerechter zu werden. Aber auf einmal kam eine neue Nummer zwei daher, ein Mann natürlich, fadenscheinige Gründe wurden gefunden, warum sie wohl doch zu unterqualifiziert sei für diesen Job. Und ehe sie sich versah, stand sie gemobbt und gekündigt auf der Straße, kurz vor Weihnachten. Weihnachten kam, und die Depression kam. Sie nahm Tabletten, Antidepressiva. Bewarb sich wieder. Und dann kam sie eines Tages strahlend zu mir und sagte: «Ich habe mich entschlossen, eine Auszeit zu nehmen. Ich habe schließlich jahrelang in die Arbeitslosenkasse eingezahlt, jetzt werde ich mir erlauben, davon zu profitieren.» Was sie auch tat. Ein günstiges Timing, denn so hatte sie genügend Zeit, sich auf das neu gekaufte Haus, welches stark renovierungsbedürftig war, zu konzentrieren. Sie arbeitete sich rasch in die Kunst des Gärtnerns ein, machte Pläne für die Renovationen, spielte mit ihrem Kind und kochte abends ausgiebig. Sie bewarb sich immer wieder, und nach etwa einem Jahr nahm sie eine neue Stelle (50 %, Nummer XYZ) an. Es geht ihr wieder gut.

Oder kannst du dich noch an mich erinnern? Vor eineinhalb Jahren? Ich hatte keinen Kollaps. Ich wurde nicht gekündigt. Aber ich war fertig: mit den Nerven, mit dem Organismus. Es war nur noch eine Frage der Zeit, bis ich einen Zusammenbruch oder einen Autounfall gehabt hätte. All diese schlaflosen Nächte. Lucie murrend und zeternd um 23.03, um 00.10, um 03.34, um 04.15, um 5.10, um 5.55, um 6.20 Uhr. Als ich einmal vernahm, die Tibeter hätten ihre Gefangenen gefoltert, indem sie diese in unregelmäßigen Zeitabständen mehrmals in der Nacht geweckt hätten, sie gezwungen hätten, aufzustehen und eine kurze Verrichtung zu machen, war mir klar, dass diese Folter einen Menschen wirklich zerstören kann. Ich bekam Angst vor der Nacht. Ich lernte die Nacht kennen. Bald wusste ich, ohne auf die Uhr zu sehen, wie spät es war, am Einfall des Lichts im Fenster. Ich sah Jahreszeiten kommen und gehen, des Nachts, auf leisen Sohlen. Verschiedene Gefühlsnoten wie tiefste Verzweiflung, Lethargie, inneres Aufbäumen und höchste Aggressionen gegenüber diesem knurrenden, unruhigen, quängelnden Mädchen konfrontierten mich von 23 Uhr bis 6 Uhr früh. Obwohl Erik und ich uns abwechselten und so immer wieder eine Nacht Schlaf dazwischen war, stürzten wir uns beide in eine immer tiefere Erschöpfung hinein.

Ich weiß noch, nach einer fieber- und hustengeschüttelten Nacht mit zusammengezählt zwei Stunden Schlaf, in welchem Zustand ich zum Kinderarzt fuhr. Ich konnte während des Fahrens kaum die Augen offen halten, so müde war ich. Und als ich dann von der Straße abbog (zu schnell, zugegeben), um in den nächsten Parkplatz abzuschwenken, war ich sehr erstaunt, als es auf einmal krachte. Ich hatte das aus der Parklücke rückwärts herausfahrende Auto nicht gesehen. Einfach nicht gesehen. NICHT GESEHEN! Der Mann, ein Ausländer, war sehr nett. (Wahrscheinlich wäre ein Schweizer unerbittlich gewesen.) Es sei ein Firmenauto für Werkzeugreparaturen und sowieso schon verbeult. Es merke niemand eine weitere Schramme. Schönen Tag noch. Er konnte nicht verstehen, warum mir trotzdem die Tränen nur noch so herunterliefen. Er war doch so großzügig und freundlich zu mir. Ja, aber ich war so müde und erschöpft und eine Gefahr für meine Mitmenschen.

Als ich eines Morgens um vier Uhr neben Lucie stand, welche sich nicht durch Schoppen, Schnuller, Zurechtlegen oder sonst etwas beruhigen ließ, und ich wusste, in zwei Stunden nehme ich den Zug nach Genf, gestriegelt und gepützelt, um zwei Tage lang 30 Mitarbeiterinnen zu motivieren, und dazu noch in einer fremden Sprache, da kippte es. **Ich kann nicht mehr. Es geht nicht mehr.**

Ich erinnere mich noch genau, wie ich nach dem ersten Schulungstag mit Chef Johann im Restaurant saß (Entrecôte und Pommes frites, genau das Richtige für erschöpfte, ausgelaugte Gemüter) und ihm von meiner Nacht berichtete. «Es ist eine Frage der Zeit, bis du zusammenbrichst. Ich will dich nicht in der Psychiatrie besuchen. Mein Vorschlag: Morgen Abend nach der Schulung gehst du nach Hause und kommst nicht wieder. Bis du dich erholt hast. Alle bekommen ein Telefonverbot, damit du wirklich eine Auszeit hast. Sag du mir, wie lange du absent sein wirst, wir lösen das dann.» Ich hielt den Atem an. Es war, als hätte er mir ein ganz kleines frisch geborenes Vögelein in die Hand gelegt. Ein unglaubliches Angebot. Nackt, hilflos, warm, das Herz pochend. Der Gedanke an Luft, Schlaf, Entspannung war so überwältigend, dass ich gleich losweinte. Armer Johann, er kann Tränen nicht ausstehen. Ich beherrschte mich und ging mit dem kleinen Vögelein ins Hotelzimmer. Das Gedankenkarussell begann.

Dank an meine Schwester! Da saß ich in Genf im Hotelzimmer und telefonierte mit ihr. «Du brauchst es, und du brauchst es jetzt. Nimm dieses Angebot an, und mach das Beste daraus.» Was ich auch tat. Es war schwierig, denn auch Erik war dagegen. Er hat es nicht gerne, wenn die Schlacht als verloren ausgerufen wird. Er hatte finanzielle Bedenken, mit Recht. Er hatte noch ganz andere Sorgen: Er sah mich zu Hause rumhocken und mich furchtbar langweilen (wie kommt er nur auf die Idee?). Und dann würde Maya zum Papier greifen und ihre berühmten Listen anfertigen. Lange, lange Listen mit Dingen, die zu erledigen seien. Die ER erledigen müsse. Außerdem sei ich dann erholt und frisch und würde das Gleiche von ihm verlangen, der ja den ganzen Tag gearbeitet hätte. Diese Bedenken müssen etwas mit dem männlichen Denksystem zu tun haben, denn genau ebendiese Einwände formulierte Helenas Ehemann.

Was die Männer bei ihren düsteren Visionen nicht berücksichtigen, sind der fleißige Kern und das Schuldgefühl jeder Frau. So verfällt sie im Nu, nach Verlassen des Emanzipations-Hetzrades, dem Hausfrauenfleiß des traditionellen Modells. Listen werden erstellt, aber die arbeitet die Frau selbst ab, Punkt für Punkt, und am Abend ist das Haus geputzt, die Kinder gebadet, der Rasen gemäht, der Karton entsorgt und der Kühlschrank gefüllt.

Überhaupt ist das Pflichtgefühl der Frauen schon fast wieder eine Pein. Gerade schwangere Frauen scheinen sich diesbezüglich den Oscar holen zu wollen. Nicht selten arbeitet eine bis zur letzten Minute (ich muss dies noch fertig machen, ich muss beweisen, dass ich das System nicht ausnutze, ich muss zeigen, dass ich auch schwanger was draufhabe), um dann bereits erschöpft und ohne Ressourcen die Höllenqualen der Geburt anzugehen. Leider habe ich noch nie einen übergroßen Blumenstrauß vom Geschäft mit entsprechendem Dank für Extrastandhaftigkeit neben der frischgeborenen Mutter gesehen. Nur ihren Babyblues und ihre Erschöpfungstränen nach dieser Wahnsinnsleistung.

Zurück zu mir: Es war nicht einfach, das Angebot anzunehmen. Ich musste meine Ängste und die von Erik überwinden. Ich musste auf unsere finanzielle Lage Rücksicht nehmen. Acht Wochen keine geschäftlichen Verpflichtungen und Verantwortungen waren das Resultat. Da müsste man denken, nach zwei Wochen sei die Sache geritzt. Endlich relaxed, entspannt, erholt. Doch es stellte sich als ein schwieriges Unterfangen dar, sich wahrhaftig und bis zur Herzmitte zu erholen. Wenn ich schon nicht arbeite, dann sollte ich doch auch mal dieses Chaos in unserem Haus angehen. Papiere ordnen, Kleider sortieren, den Keller neu gestalten, den Garten frisch anlegen, gewisse Bücher lesen, mehr Sport treiben, dem Babybauch zu Leibe rücken. Das war sozusagen die Rechtfertigung für die Auszeit. Es war wirklich hart. Immer wieder setzte ich mich hin, machte Mind-Maps, ermahnte mich, Prioritäten zu setzen (wie Erholung, Spaß haben, Schlaf etc.), und kämpfte erbitterte Schlachten mit dem zwanghaften Aufräum-, Sortier- und Haushaltsdrachen. Schließlich brauchte es auch noch einen Flug in den Süden, damit wirklich all das Drohende wie Geschirrspüler, herumliegende Kleider, harrende Freundinnen, Wäscheberge und Sonstiges zu Hause blieb und ich von Sonne, Schlaf, Spaziergängen und guten Büchern meinen Geist salben ließ.

Aus diesem Grund, aus dieser eigenen Erfahrung heraus, schreie ich innerlich nicht auf bei Helenas Wunsch, alles mal beiseite zu schieben. Mache ich keine Verlustkalkulationen von Studiengeldern. Habe ich kein gebrochenes Emanzenherz. Weil ich WEISS, dass man eines Tages in diesem Wahnsinnstempo innehalten muss oder sonst kollabiert.

Es gibt auch andere Formen, den Energiehaushalt zu verteilen und Abstriche zu machen. Siehe Freundin Lynne. Sie bewältigt ein Riesenpensum: Nebst ihren zwei Kindern schmeißt sie ihre Teilzeitphysiotherapiepraxis und unterrichtet an drei Abenden «Physiotherapie mit geistig Behinderten» an verschiedenen Spitälern. Außerdem hat sie sich zu einem Psychologiestudium entschieden (Psychologie am Tag, Studium in der Nacht), und dazu ist sie eine begnadete Fotografin, die einmal im Jahr eine Ausstellung macht. Dass bei all diesen Aktivitäten keine sozialen Kontakte mehr möglich sind, außer in der Kinderzeit, erstaunt nicht. Und obwohl ich nebst ihrer Schwester die wichtigste Ansprechperson bin, treffen wir uns zurzeit circa dreimal im Jahr im Zoo, im verzweifelten Versuch, während der Fütterung der Pinguine (welche die Aufmerksamkeit aller vier Kinder auf sich zieht) das Nötigste über unser Seelenleben auszutauschen.

Noch etwas, meist gibt es vor der Explosion der heiß gelaufenen Emanzipations-Turbo-Motoren Warnsignale. Blinkende Lichter am Schaltbrett. Sie werden leider viel zu oft einfach übersehen. Da sind unerklärliche Heulanfälle an Silvester, ein Hexenschuss, ausgelöst durch das Bücken nach einer frischen WC Rolle. Ein Knie, lädiert durch einen unspektakulären Skiunfall, welches auch nach der Operation nicht heilen will. Der Körper sendet Signale, der Amazonenkopf sieht sie nicht. Schade!

Ich weiß nicht, wie sich Helena entscheiden wird. Ob sie den Mut hat, vom Rennrad abzusteigen. Ob sie sich ohne Rechtfertigung ein paar Monate Erleichterung und Auszeit gönnt. Aber genauso, wie sie sich erholen und aufblühen wird, werden irgendwann ganz automatisch die zu Tode gelangweilten Hirnzellen einen Aufstand anzetteln und sich zu neuen Projekten gruppieren. Und dann beginnt ein neuer Abschnitt in ihrem Leben. Auch ohne drittes Kind.

Ich bin davon abgekommen, solche Auszeiten zu vermaledeien. Die akademische Hausfrau hat in solchen Settings ihre Berechtigung. Rettet ihr das Leben vor Autounfällen, Kollapsen auf Spazierwegen, Vereinsamung, Depressionen und der Einlieferung in die psychiatrische Anstalt.

Jetzt habe ich so lange von Auszeit und Erholung geschrieben, ich lasse sie auch für mich Wirklichkeit werden. Obwohl es erst 22.15 Uhr ist. Es wird mir gut tun.

Sei umarmt,

Maya

6 Die akademische Bruthenne

Liebe Maya,
zu welchen Verrenkungen ein weibliches Hirn doch so in der Lage ist! Geschulte Hirnzellen machen Purzelbäume, schlagen Saltos rückwärts aus dem Stand, drehen brillante Pirouetten, nur um eines nicht tun zu müssen: der Wahrheit ins Auge zu blicken.

Die heutige, gut ausgebildete Frau unterliegt dem gleichen Denkfehler wie ihre weniger gut geschulten Mütter und Großmütter: Sie wollen das Unmögliche.

Die Großmütter waren davon überzeugt, wenn ihre Liebe groß genug wäre, würden sie es schon schaffen, den etwas lockeren Charakter des Ehemannes zu festigen, ihn zur Verantwortung zu motivieren und ihn im Falle von Arbeitsscheu oder gar Trunksucht zu heilen. Sie haben alles getan, sich fleißig um Haus und Herd, Kind und Feld gekümmert. Gut, die Frauensterblichkeit war beachtlich hoch, kein Wunder bei dieser steten Überbelastung. Die Nummer war einfach zu groß. Einige wichen in die Psychiatrie aus, da hatten sie wenigstens etwas mehr Ruhe.

Die nächste Generation (meine Mutter) ging in die Fabrik, um zu arbeiten. Übers Wochenende wurde in der Waschküche mit holzgeheiztem Ofen die Wäsche im Zuber gekocht. Da bei dieser Gelegenheit über heißes Wasser verfügt wurde, badete die gesamte Familie ebenfalls in der Waschküche in einem Holzbottich, alle im selben Wasser. Am Schluss, als der Dreck schon an den Rändern klebte, stieg die Mutter in die Fluten. Ihre Generation zeichnete sich ebenfalls durch Fleiß und eisernen Durchhaltewillen aus, getragen von der Vorstellung, Berge versetzen zu können, wenn sie sich nur genug anstrengen und ausreichend Mühe geben würden.

Meine Generation roch den Braten. Ich dachte schon früh, diese Nummer kommt für mich nicht in Frage. Wir wollten mehr. Wir wollten an Bildung partizipieren und erkämpften uns das Recht, uns auf legalem Weg Wissen anzueignen und es in eine berufliche Tätigkeit umzusetzen. Aber wir wollten auch Kinder, mehrere. Und damit zogen neue Probleme ins Land. Wie soll das funktionieren? Auf zwei Hochzeiten gleichzeitig tanzen? Nur eines war klar, um nichts in der Welt würden wir die Morgenluft, die wir gewittert hatten, wieder preisgeben. Der Kampf war zu hart. Der Hunger nach Bildung zu groß. Und mit dem großen hart erkämpften Recht kam auch die Selbstverständlichkeit, dass es uns zustünde. Nein, kaum ein schlechtes Gewissen, wenn wir unsere Kinder fremdbetreuen ließen. Zudem war durch zahlreiche Diskussionen allen klar, das Schlimmste, was einem Kind zustoßen kann, ist, wenn es den geschlagenen Tag mit seiner Mutter allein in einer Wohnung verbringen muss – und Untersuchungen aus der Hirnforschung belegten unsere Vermutung. Mäuse, die in der ersten Zeit in einer eintönigen Umgebung lebten, entwickelten ein kleineres Hirn. Unser

Erlösungswort lautete deshalb: Beziehungsvielfalt, Anregungsreichtum, Impulsfeuerwerk, damit das kleine Köpfchen früh lernt, gedanklich mit allem mitzuhalten. Hinzu kam auch die Erkenntnis: Wenn es der Mutter gut geht, geht es auch den Kindern gut. Es kommt nicht quantitativ auf die mit dem Kind verbrachten Stunden an, sondern auf die Qualität.

Backlash in Deiner Generation: nachts doktorierende Hausfrauen, tagsüber neben Kindergeschrei sich teilzeitig noch am Erwerbsleben beteiligen, Bildungsheißhungrige, die sich ausschließlich auf dem Klo einer ruhigen Pause hingeben können. Und nun kommt das beinahe Unfassbare, für uns Altgediente kaum zu Begreifende. Was für uns noch selbstverständlich war, dass wir uns eine Rund-um-Hilfe für Kinderbetreuung holten, die auch Spezialeinsätze abdeckte, ist Euch aus dem Hirn gefallen. Mir scheint, dass die akademischen Bruthennen besonders gefährdet sind. Ihre vorgängige Denkschulung spielt ihnen einen Streich, die gut trainierten Hirnzellen verbiegen sich virtuos, ranken sich geschmeidig um sämtliche Hindernisse und liefern gespenstische Argumentationen, warum diese Zusatzbetreuungen den Kindern schaden könnten und weshalb sie überflüssig seien. Als ob um alles in der Welt verhindert werden sollte, dass sich endlich Frauen, auch solche mit Kindern, in den oberen Berufsetagen etablieren.

Früher waren Frauen einfach rechtlos. Heute haben wir faktische Gleichberechtigung, aber intrapsychisch läuft der Geschlechterkampf weiter.

Da lohnt es sich, die Frage zu stellen, wer liefert das Futter zum Kampf? Klar, die Frauen selbst, das ist ja klar. Aber das lasse ich nicht gelten.

Stellen wir die Frage andersherum. Wem nützt es denn, wenn die hervorragend ausgebildeten Frauen im akademischen Bruthennendasein versinken?

Wer profitiert davon, wenn sich Frauen selbst einreden, es gehöre zum schönsten Frauenerlebnis, dem Nachwuchs bei seiner Entwicklung zuzuschauen? Ja, das habe ich kürzlich in einem Gespräch von Christa Müller gehört, der Frau von Oskar Lafontaine, einer ausgebildeten Volks- und Betriebswirtin, die im fortgeschrittenen Alter noch vom Mutterglück ereilt worden ist. Und Deine Freundin, die Hochbegabte, träumt vom Glück der dritten Schwangerschaft, obwohl sie bereits die Erfahrung hinlänglich gemacht hat, dass bereits zwei Kinder zu viel sind, um alles unter einen Hut zu bekommen.

Ja, wem nützt es, wer profitiert davon? Das ist die entscheidende Frage. Schließlich handelt es sich um eine neue heimtückische Version, wendig wie Bakterien, die sich ständig an neue Verhältnisse blitzschnell anpassen, sich in neuen Konstellationen zusammenformieren, um dem gerade entwickelten Impfstoff die Stirn zu bieten.

Liebes Töchterlein, wir leben in einer patriarchalen Gesellschaftsstruktur, vergiss das bitte nie in Deinen Analysen. Die Frauenbewegung hat zwar die dicksten Hunde aufgedeckt und sich die gleichen Rechte faktisch erzwungen. Aber hintenherum läuft die Bevorzugung des männlichen Geschlechts ungehindert weiter, einfach viel subtiler und schlechter erkennbar.

So haben wir folgende Situation: Frauen dürfen Karriere machen. Aber dann müssen sie auf Kinder verzichten. Sie stehen dann an der Front, wie z.B. Angela Merkel, die es sich aber gefallen lassen muss, dass ihr schwachsinnige Frauen (die 4. Gemahlin des ehemaligen Bundeskanzlers) vorwerfen, da sie noch nie vom Mutterglück gelabt, habe sie letztlich keine Ahnung vom Leben. Frau, erfolgreich, kinderlos. Das klingt nach Bestrafung. Kennen wir das nicht? Frauen, die es wagen, sich scheiden zu lassen, müssen wenigstens in Kauf nehmen, dass sie indirekt bestraft werden. Ich kenne keinen einzigen Fall, wo dieser Schritt nicht von Sanktionen begleitet wurde.

Frauen, die Mütter sind und Karriere machen wollen, greifen nach den Sternen, sprich, sie bleiben auf der Strecke. Es wird ihnen niemals möglich sein, mit dem Mann Schritt zu halten. Somit stehen die oberen Chefsessel weiterhin für Männer zur Verfügung, abgesehen von den kinderlosen, bemitleidenswerten Frauen macht ihnen niemand den Platz streitig.

Aus dieser Sicht ist es wichtig, die jetzige Generation gut ausgebildeter Frauen wenigstens von innen her im Zaum zu halten. Akademische Hausfrauen sind dankbare Abnehmerinnen von selbstbetäubenden und beruhigenden Glaubenssätzen, wie etwa, wie unendlich wichtig es ist für das Gedeihen der Kinder, dass sich die Person, in dessen Bauch sich die Schwangerschaft vollzogen hat, um sie kümmert: Mutter ist die Beste. Kinder gedeihen nur dann gut, wenn sie möglichst lange gestillt und von Müttern selbst großgezogen wurden. Betreuung durch die Großmutter käme auch noch in Frage. Emanzipierte Frauen hatten entweder ein traditionelles Mutterschaf zum Vorbild und sich geschworen, so wie die «Nie!», oder sie haben sich bei ihrer Mutter Eigenständigkeit abgekupfert und tun es ihr gleich. Die traditionelle Großmutter wird sich in Hütedienste einplanen lassen, die Tochter wird es ihr nie vergessen und sie für diese Unterstützung lieben, gleichzeitig aber muss sie mit dem Schmerz fertig werden, dass es die eigene Mutter nicht geschafft hat, sich zu emanzipieren und über ihr eigenes Leben zu bestimmen. Die emanzipierte Großmutter hat eigene Termine und ist schwer abkömmlich. Die Tochter fühlt sich von ihr im Stich gelassen. Gleichzeitig weiß sie, dass sie ihr diese Lebensart zugestehen muss.

Wir Frauen löffeln die Suppe so oder so aus. Dabei vergessen wir, dass die Zeugung nicht ein Akt unter Frauen war, sondern je ein Mann beteiligt war. Was heißt das? Die Männer viel mehr zur Kasse bitten, zum Tanz, Paarlauf mit Hebefiguren, Fifty-fifty-Lektionen lernen!

Die Auszeit ist letztlich eine Bankrotterklärung an die Beziehung! Aus-Zeit, eine harmlose Beschreibung für einen Zustand, der gerade noch den totalen Zusammenbruch verhindert. Der davor bewahrt, dass wir dem Partner die Überforderungsrechnung präsentieren und zum offenen Gespräch auffordern, wo die Karten auf den Tisch gelegt werden und wir der Wahrheit ins Gesicht blicken müssen.

Wir aber phantasieren in unserem auf Harmonie-Hintertürchen gut durchtrainierten Hirn vom Leben auf der Alm: ins Bett gehen, wenn es dunkel wird, aufstehen, wenn die Sonne aufgeht, dazwischen sich von vorbeiziehenden Wolken beruhigen lassen, den Schafen – falls vorhanden – bei ihrer Nahrungssuche zuschauen, einen Grashalm durch die Finger gleiten lassen und barfuß die Wiese unter den Samtpfoten fühlen.

Dabei brauchen berufstätige Mütter Männer, die mit dem Psychogramm der besten Freundin ausgerüstet sind. Dann landen wir ganz organisch beim emanzipierten Mann.

Das wär's dann.

Gruß

Mami

7 Der emanzipierte Mann

Hallo, philosophisches Klageweib,
obwohl ich es durchaus anerkenne, dass du es gut mit mir meinst und auch zweifellos ein ganz passables Vorbild für alle weisen Mütter und Großmütter bist, kannst du es tatsächlich nicht lassen, in die Jammerposaune zu pusten. Du philosophierst übers Leben und abstrahierst meine Situation, bis sie ganz «objektiv» auf dem Seziertisch liegt. Nein danke! Ich hätte einfach gerne ein paar gute Tipps, so verpönt diese auch in der Psychobranche sind. Etwas Fassbares, Greifbares, Realisierbares ...

Ungern gebe ich es zu, du sagst viel Wahres. Und obwohl frau lieber einfach den Schlammassel bejammern will (wie du), um ja nicht mit der heißen Kartoffel konfrontiert zu werden, muss es nun einfach sein. Ich komme zum Kern des Pudels bei der Emanzipationsgeschichte: dem Mann.

Ich habe einmal ein einfaches Erklärungsmodell bezüglich Mann und Familie entwickelt. Meine schmale empirische Untersuchung von vielleicht 20 Fällen gab mir bisher Recht, und deshalb fahre ich diesen Ansatz weiter. Wenn ich Bier trinken würde, wäre es ein Stammtischmodell. Hier ist es:

Für mich gibt es zwei Sorten Männer. Die Jagdhunde und die Familienhunde. Von den Jagdhunden gibt es drei verschiedene Typen, von den Familienhunden zwei Versionen.

Verzeih den Vergleich, aber du wirst gleich sehen, dass diese Einteilung Sinn macht.

Der Jagdhund

Das ist der Mann, der eigentlich keine Kinder möchte. Unabhängig, im tiefsten Innern patriarchal. Er geht gradlinig seinen Weg, nascht hier und da an der weiblichen Blume, jagt sein Wild mit Ausdauer und Bravour, zaudert ewig beim Thema Zusammenziehen, jegliche familiäre Verantwortung ist nicht sein Ding, er stellt sicher, dass sie die Pille nimmt (auch hier keine Verantwortung in Sicht). Verheiratete Kollegen werden bemitleidet, ihre Kinder als «Gören» taxiert. Mit einem Freundschaftsring als minimales Zeichen der Zugehörigkeit kann der Gute vertrieben werden. Nach einer Anspielung seitens ihrer Familie auf Nachwuchs beim Familienfest wird diese forsche Unverfrorenheit mit emotionalem Rückzug quittiert, und auf einmal hat er unheimlich viel zu tun für die nächste Zeit. Entweder investiert er seine sämtliche Zeit in seine Karriere (die deshalb meist steil bergauf geht), oder er verzettelt sich in hundert Projekten und Hobbys.

Aber dann, an seinem 35. Geburtstag, passiert es. Er hat eine Krise. Ob so eine Familie nicht doch was wäre? Kinder führen schließlich den Stammbaum weiter. Ist doch eine altbewährte, anerkannte Sache, was soll daran verkehrt sein? Zweifel überfallen ihn. Er bemerkt auch, dass es zu den Statussymbolen eines 35-Jährigen gehört, verheiratet zu sein und Kinder zu haben, das Einfamilienhaus einzukaufen und den Zweitwagen für sie zu bestellen (Opel Astra oder all die

Modelle mit größerem Hubraum für Kinderwagen und Sonstiges). Und die nächste Beziehungsfrau oder die gerade aktuelle wird geheiratet. Manchmal passiert es, dass aus diesen Männern doch noch begeisterte Väter werden. Dieses Phänomen hat die Schwedin Anna Wahlgren in ihrem Werk «Das Kinder-Buch» so schön beschrieben: Wenn ein Kind zur Welt kommt, berührt es die Eltern mit seinem Feenstab, und zarter feiner Feenstaub bestäubt die Eltern. Dadurch erkennen diese, was wahre Liebe ist und dass dies (das Kind) der Sinn ihres Lebens darstellt. Der Grund, warum dieses Geheimnis vom Sinn des Lebens nicht einfach so an alle Menschen weitergegeben werden kann, liegt eben am Feenstab. Nur durch diesen erlangt man die Erkenntnis. Wird also ein Jagdhund-Mann mit dem Feenstab und -staub berührt, dann kann er sein zauderliches Verhalten im Nachhinein nicht mehr verstehen. Er hat Spaß an seiner Elternrolle, blüht förmlich auf und mutiert vom puren Jagdhund zum Jagdhund **Typ A**: zum Jagd- und Familienhund, wie es zum Beispiel der Sussex Spaniel ist.

Offenbar gibt es aber auch Kinder, die verfehlen ihre Väter (vielleicht auch Mütter, nur solche kenne ich nicht). So wie bei meinem Sportkollegen Mischa. Er ist völlig apathisch seinem Sohn gegenüber, distanziert und unbeholfen. Wenn sie ihm Klein-Mischa in die Arme gibt, steht er da, als hätte er einen Holzstock verschluckt und halte eine hochgiftige Schlange. Im nächstmöglichen Moment reicht er sein Kind weiter. Sein Standardsatz auf die Frage, wie es ihm denn gehe als frischgebackener Vater, lautet: «Ja, das alte Leben war eben doch schön. Außerdem ist er einfach das anstrengendste Kind überhaupt.» Was ich überhaupt nicht unterstreiche. Der Knabe blickt interessiert in die Runde, gibt sich eben nicht zufrieden, wenn man ihn dauernd beiseite legt, und zeigt sonst keine aufwendigeren Züge als jedes andere Kind in seinem Alter. Er schläft des Nachts durch und isst brav seine Mahlzeiten. Woher also diese Fehldeutung? Weil der Gute, zwar beflissener Sportlehrer, sich ständig durch Ausprobieren angepriesener amerikanischer Kraftaufbautechniken weiterbildet und sich neue Fitnessgeräte höchstmoderner Art zulegt, es aber verpasst hat, einmal ein Buch über «Das erste Jahr eines Babys» zu lesen. Für jede Autoprüfung muss gelernt werden, aber Kinderhaben kann wohl jeder.

Sprich, die Rasse der Jagdhunde bekommt eine weitere Version, **Typ B**, Jagd- und Haushunde wie der Setter, von kinderlieb keine Spur, aber anhänglich, intelligent und ein guter Begleithund. Schnell und wendig. Diese Rasse braucht viel Aufmerksamkeit und sehr viel Auslauf. So der Setter wie auch der Mann.

Natürlich gibt es auch den puren Jagdhund, nennen wir ihn **Typ C**, der seiner Leidenschaft weiterhin frönt, ohne an Nachwuchs zu denken (und offenbar aus dem Zuchtprogramm herausfällt). Das ist der Mann, der hart wie eine Nuss ist, der mit 35 zwar kurz die Krise schiebt und sich eventuell hinterfragt, aber danach bombensicher ist: Er will keine Kinder. Na ja, über diese Sorte brauche ich nichts zu schreiben. Du kennst die Tragödien, wenn emanzipierte Frauen an seiner Seite ihre fruchtbaren Jahre verbringen, ihren Kinderwunsch mit vielen guten Erklärungen wegdiskutieren. Positiv: Sie können in dieser Zeit Karriere machen. Negativ: Wenn sie 43 sind und gegen das jüngere Modell ausgetauscht werden, dann haben sie den «Meine besten Jahre habe ich an ihn vergeudet»-Zusammenbruch.

Was alle Jagdhunde gemeinsam haben: Sie sind inkompatibel mit emanzipierten Frauen. Wenn eine emanzipierte Frau sich einen Jagdhund zulegt, hat sie zwei Möglichkeiten: Sie vergisst, dass sie einmal emanzipiert war, oder sie geht wieder. Das tönt jetzt ziemlich krass, und du denkst vielleicht, dass es doch weichere Abstufungen gibt. Habe ich alles ausprobiert. Es funktioniert nicht. Zum Beispiel: heimlich emanzipiert sein. Wird schnell aufgedeckt und im Keime erstickt. Oder: ein bisschen emanzipiert sein. Wird nicht geduldet und ist steter Streitpunkt. Oder: hier traditionell, dort emanzipiert. Ist eine Strapazitätsfrage. Da versuchst du dich als gehäutetes Fell um das Doppelte zu vergrößern. Kaum kappt aber jemand das Seil, welches dir hilft, das Fell zu strecken und zu verlängern, fällt es sofort in die alte Größe zurück.

Leider gehen die wenigsten Frauen. Sie merken nicht einmal, in welche Misere sie hineingeraten sind. Der Rückschritt geht langsam, die Emanzipation verblasst stufenweise, die Rückverwandlung in Klassisches und Traditionelles schleicht sich zur Hintertüre rein wie bei meiner Studienkollegin Alessja, die ich leider später aus den Augen verlor.

Alessja war einst eine wild schäumende Amazone, ihr wunderbar wallendes rotes Haar (das hatte sie, ist nicht bildlich gesprochen) flatterte nur so im Winde, als sie im harschen Galopp ihr Wild erlegte. Und sie jagte da so einiges, von Grizzlybären bis zu Leoparden. Erfolgreich, ungebunden.

Dann kam das erste Kind zur Welt, und der Mann fand, der schnelle Hengst sei zu gefährlich für sie, und ersetzte ihn durch einen lahmen Gaul. Beim zweiten Kind fand er die roten Haare unpassend für eine zweifache Mutter und schnitt sie ihr kurzerhand ab. Und beim dritten Kind trabte sie bereits an der Longe brav und gelangweilt ums Haus, die Jagden nach den wilden Tieren wurden ersetzt durch eine Hühnerzucht. Und diese gezähmte Widerspenstige war nun für ihn ab sofort nicht mehr attraktiv, und er verliebte sich Hals über Kopf in eine blonde Unabhängige.

Sie sieht ihren Fehler an der Geschichte sehr genau: Sie hätte sich wehren müssen. Kein Pferd wird ausgewechselt, keine Haare geschnitten, keine Zuchten aufgebaut. Sie hätte die Anpassung ihres Amazonenwesens an das Muttersein selbst in die Hand nehmen müssen. Sie hätte entscheiden müssen, ob der Hengst zu gefährlich ist. Die Haare hätte sie kurzfristig zusammenbinden können, damit sie im Galopp nicht den Kleinen ins Gesicht peitschten. Sie hätte weiter jagen können. Vielleicht nicht die Wahnsinnstrophäen, aber Marder, Füchse und Wölfe auf alle Fälle.

Ich weiß, nun spreche ich in Rätseln, in Bildbänden sozusagen. Was man sich unter all diesen Metaphern vorstellen soll, willst du mich nun fragen. Okay, dann werde ich unromantisch deutlich.

Ersetzte Hengste, geschnittene Haare und verbotene Jagden können sein: Die Frau arbeitet nicht mehr oder nur noch ganz wenig, so wenig, dass sie nie und nimmer Befriedigung aus der Arbeit zieht. Die Kinderbetreuung wird ihr vorgeschrieben, ihre eigenen Anliegen und Ideen kommen nicht zum Tragen. Der Mann findet es eben besser, wenn das Kind bei der Mutter ist. Allenfalls eine Großmutter zwischendurch … Spielgruppen, Babysitter und Krippen sind Abschaum und gefährlich für die Entwicklung der Kinder. Der Mann mischt sich auf einmal in den ästhetischen Ausdruck der Frau ein: Haarefärben schickt sich nicht (mehr), steh doch zu den grauen Haaren, die Lederhosen sind nun wirklich out, warum um Gottes Willen noch rote Fingernägel, die braucht es doch bei all der Küchenarbeit nicht mehr, die Absatzschuhe kannst du wirklich mal verschenken, mit denen rennst du kaum einem Kind hinterher … Ihre Meinung zum neu zu kaufenden Auto, zur Art des Familienurlaubes und zur Namensauswahl des nächsten Kindes zählt nicht mehr. Er bestimmt. Und früher hat sie das Budget für den Jahreseinkauf des Großunternehmens von mehreren Millionen gemeistert, nun heißt ihr Kind auf einmal Dora wie seine Großmutter anstatt Marcella …

Willst du noch mehr? Beispiele von emanzipierten Frauen, die sich ernsthaft mit Jagdhunden einlassen, mit ihnen Kinder zeugen und Familien gründen. Hier sind sie:

- Sie gibt ihren Job auf, kündigt ihre Karriere, stößt alle eigenen Projekte von sich, weil er im Ausland DIE STELLE UEBERHAUPT angeboten bekommen hat. Dass sie ihre Ausbildung, ihre Verankerung im Jobleben aufgibt (zwar Teilzeit, aber immerhin, es war der Fuß in der Türe), ist doch NORMAL und wird von allen erwartet, weil ihr Berufsleben schließlich auf der Waagschale der Karrieremöglichkeiten nichts (mehr) zählt. Und sie soll sich auch noch freuen über das aufregende Leben in irgendeinem Dritte-Welt-Land.

- Bei der Wiederaufnahme des Jobs vergisst sie, die Aufgabenverteilung mit ihrem Allerliebsten neu zu regeln. Sie bringt und holt ihr Kind von der Krippe und ist vom ersten Tag an gestresst, weil sie dadurch ihr abgemachtes Arbeitspensum nicht hinkriegt. Die Nächte übernimmt auch weiterhin sie, obwohl sie am nächsten Tag eine wichtige Sitzung hat. Und am Wochenende putzt sie das Haus, macht die Wäsche und den Großeinkauf. Und die Frau ist kaputt, am Rande des Nervenzusammenbruchs, von Schuldgefühlen gepeinigt, und es kommt ihr nicht (mehr) in den Sinn, dass der Herr Gemahl seinen Teil auch übernehmen muss.
- Er betreibt nach der Geburt weiterhin zweimal Volleyballtraining pro Woche. Sie hat ihr halbprofessionelles Eiskunstlaufen natürlich schon während der Schwangerschaft aufgegeben und seither begraben. Ob es ihr wohl gut täte und Spaß machen würde, dieses Hobby wieder aufzunehmen, ist keine Frage (mehr).
- Seit das Kind da ist, kommen seine Eltern von Spanien öfter und länger zu Besuch. Früher hatte sie die Ausrede, sie müsse länger im Büro bleiben. Jetzt verbringt sie die ganze Woche (minus die zwei Tage, welche sie noch arbeitet) mit ihnen und platzt jedes Mal fast vor Beengung und innerer Aggression gegen andersartige Erziehungsstile.

Du siehst, mannigfaltig ist die Umrüstung auf das abgestaubte, unattraktive Hausmütterchen. Durch die Geburt des Kindes gewohnt, den Scheinwerfer nur noch auf andere zu richten, ist sich die emanzipierte Frau abhanden gekommen. Und zusammen mit ihr auch das Abgrenzen, Ausrufen, Motzen, Verhandeln, Neinsagen, Rotzen und Verlangen. Es wurde ersetzt durch Harmoniesucht, Zudienen, Ausbügeln, Jasagen, Kompromisse schließen, Nachgeben etc. Genauso wie der Jagdhund sein Frauchen am liebsten hat. Zum frauenperspektivischen Leidwesen haben fast alle Männer das Jagdgen in sich. Was eine schlechte Nachricht für emanzipierte Frauen ist.

Kommen wir zu etwas Erfreulicherem:

Der Familienhund

Der Familienhund ist rar gesät, aber es gibt ihn. Das ist derjenige, der schon ganz früh weiß, dass er Kind und Familie will. Hat er seine Herz-Dame gefunden, macht es ihm nichts aus, während der Ausbildung mit 23 Jahren zu heiraten und Kinder zu bekommen. Diese Sorte Männer hat schon in der 10. Liebesnacht tolle Vorschläge wie: «Weißt du was, das ewige Zahnbürsten-Herumschleppen ist doch mühselig, lass uns doch zusammenziehen.» Erste Feuerproben wie ausbleibende Menstruation im ersten Monat der Beziehungsfreuden bestehen sie mit Bravour: «Arven ist doch ein schöner Name, was meinst du?» Zur ersten gemeinsamen Weihnacht stellt er den Heiratsantrag, und an Silvester werden feierlich die Präservative verbrannt. Wenn der Familienhund Zuwachs bekommt, blüht er erst richtig auf. Er nimmt die Sache ernst und ist stolz auf seinen Nachwuchs.

Liebe Emanze, zu früh gefreut. Beim Familienhund gibt es auch zwei Sorten:

Der Familienhund als Leithund, der zwar früh heiratet, aber das klassische, männlich-dominierte Modell aufrechterhalten will. Das sind Familienhunde, die früher mal Schäferhunde waren, ein Rudel zusammenhielten, beschützten und führten, wie der Collie. Emanze, geh heim!

Der Familienhund Goldversion, der NUR eine emanzipierte Frau möchte, die ihren eigenen Weg macht, die ZUSAMMEN mit ihm die Kinder aufzieht, die ZUSAMMEN mit ihm das Geld heimbringt.

Mini-Übersicht: Sind die meisten Männer Jagdhunde und nur einige Familienhunde, aber nur der Familienhund Goldversion der geeignete Partner für eine emanzipierte Frau, dann ist dies die Suche nach dem vierblättrigen Kleeblatt auf der grünen Maiwiese.

Erik ist ein vierblättriges Kleeblatt, das nicht ich gefunden habe, sondern er hat mich ausgewählt. Nach siebenjährigem Versuch, mit einem Jagdhund glücklich zu werden, war mir alles egal. Nur keine Beziehung mehr! Mit gerade mal 25 Jahren war für mich der Familientraum gestorben. Es war sowieso zu spät, jetzt noch einmal frisch anzufangen. Aus einem fast klösterlichen Ambiente ausgebrochen, stürzte ich mich in mein Studium und in das Zürcher Nachtleben. Mit Alva und vier Telefonnummern vom aktuellen Lernprogramm der Universität sozial ausgerüstet, zog ich mit einer Matratze, einem Pult und dem TV meiner Großmutter in meine erste Wohnung. Es war toll, endlich alles machen zu können, ohne es mit dem beleidigten Löwen abzustimmen. Bald hatte sich ein beachtlicher Fanclub um mich geschart, der aus Verehrern, Bewunderern und heimlich Verliebten bestand. Erik war von Anfang an dabei, doch er wählte seine Rolle schlau: Er wurde mein bester Freund, mein Berater, wenn der Jagdhund sich wieder meldete und ich in Höllennöten schmorte. Nach einem halben Jahr machte er das Rennen als Liebhaber, und erst nach und nach entwickelte sich daraus eine Beziehung. Er verfolgte seinen Plan zielgerichtet: Mit 30 sollte ich unser erstes Kind gebären. Geheiratet wurde mit 28 (er war damals 26). Wäre er nicht der Motor in dieser Familiengeschichte gewesen, ich weiß nicht, ob ich heute Kinder hätte.

Erik meinte es ernst, von Anfang an. Mit mir, mit den Kindern. Aber auch mit seinem Engagement. Ich hatte Angst, Kinder zu haben und dann nach abgeschlossenem Studium und kurzem Wirtschaftsrundgang mit Kindern alleine zu Hause zu hocken. Er versicherte mir, dass er mich unterstützen werde, dass er seinen Teil dazu beitrage. Und das tat er, auf dem Opferaltar seiner Karriere. Er stieg nach bestandenem Doktorat 80 % in eine Stelle ein, die seinem Ausbildungsgrad nicht entsprach. Es war ihm egal. Er wollte seine Tochter häufiger sehen als nur am Abend und am Wochenende. Er wollte sein Engagement für meine Karriere zeigen.

Erik ist ein Gefangener der Emanzipation, auf den Karriererennstrecken ein lahmer Läufer. Sein Engagement für seine Kinder und die Karriere seiner Frau sind inkompatibel mit den entsprechenden Stellen auf dem Arbeitsmarkt, die ganz klar eine Entscheidung vom Arbeitnehmer bezüglich Zeitengagement wollen: Entweder du bist bereit, im Schlafsack im Büro zu übernachten, um die nächste Sitzung vorzubereiten und die letzten E-Mails zu beantworten (man kann auch vom Büro aus tolle Geburtstagskarten an seine Kinder schreiben), oder du sagst der Elite adieu und betreust deine Kinder. Er wählte die Kinder, doch das Lebewohl war schmerzhaft.

Zum Thema Karriere hat er seine eigene Meinung, die mir gut gefällt. Seine Vision von Karriere verläuft eben nicht deckungsgleich mit dem klassischen Werdegang seiner Artgenossen: Studium, Doktorat, MBA, 2 Jahre McKinsey, und dann bist du ein großes Tier und schaufelst Kohle und verschenkst deine erste Ehe an die Firma. Er nenne es Erfolg, wenn er das Aufwachsen seiner Kinder mitverfolgen könne, ihre Sorgen, Lieblingsfarben, -tiere und -filme kenne, eine lebendige Ehe aufrechterhalten könne, neben Arbeit Sozialkontakte und Hobbys ausbauen könne. Das sei Karriere, nicht der Herzinfarkt mit 50 oder die Täuschung, dass der silberne Kugelschreiber als Geburtstagsgeschenk vom Big Boss mehr wert sei als der selbstgebackene Kuchen der Tochter.

Sozial gesehen, steht Erik mit kurzen Hosen da. An seinen Papatagen arbeiten seine Männerkollegen, ein Treffen also unmöglich, da sie im Bürostress und er im Kindertrubel. Mütter machen suspekt einen Bogen um ihn, schlagen mit fadenscheinigen Gründen sein Angebot, sich am Nachmittag mit den Kindern auf dem Spielplatz zu treffen, aus. Auch das Kinderturnen am Freitag beschränkt sich auf die Mütter. Er ist in der Frauendomäne ein Sonderling.

Es weht ein harter Wind für ihn. Doch er ist tapfer und ein guter Vater. Er widmet sich seinen Kindern. Klebt liebevoll jeden Beweis für die Erweiterung ihrer Erlebniswelt in ein Buch: die erste abgeschnittene Locke, die erste Zeichnung, der erste Ponyritt im Kinderzoo. Er sammelt in kleinen Kisten ihre Bastelwerke, die ausgefallenen Zähne oder die Plastikarmbändchen, mit denen man Neugeborene kennzeichnet. Er baut sein Zimmer um, damit Estelle bequem auf dem Schafsfell vor den rund 30 Comics aus seiner Kindheit liegen kann, und er räumt das unterste Regalbrett frei, damit Lucie ihre Sammlung aller Kleintiere und -gegenstände aufreihen kann. Er will alles wissen, entscheidet bei allem mit, sagt zu allem seine Meinung. Er meint es ernst.

Dass es manchmal ganz angenehm wäre, gewisse Entscheidungen über die Kinder selbst zu fällen, kannst du mir gewiss nachfühlen. So braucht es ziemlich viel Selbstbeherrschung, wenn Erik den Mädchen eintrichtert, wie schlimm Salatessen ist und dass sie nie im Leben einen Fußballer als Freund heimbringen dürfen. Oder wenn sie an seinen Papatagen in den seltsamsten Kleiderkombinationen umhergehen. Das ästhetische Auge kann ich zudrücken, aber das besorgte nicht, wenn bei 12 Grad Außentemperatur T-Shirts montiert werden. Du siehst, Streitpotential gibt es auch bei der Goldversion, nur: Halleluja, wenn es Konflikte sind, weil der Mann die Verantwortung mitträgt. Jubelgesang, wenn das Gespräch eskaliert, weil der Mann beleidigt ist, wenn er bei einer Kinderentscheidung ausgeschlossen wurde.

Erik ist stolz auf mich, auf meinen Werdegang, auf meine Karriere. Er unterstützt mich. Meine Gedankenflüge à la akademische Bruthenne werden von ihm erbittert und gnadenlos abgeschossen. Nichts mit Ausruhen und sich gemütlich bei den Kindern zur Ruhe setzen. Weiter geht es, ZUSAMMEN auf dem steinigen Weg.

Manchmal setzen wir uns abseits vom Wegrand ins Gras, des Abends, und pflegen uns gegenseitig die wunden Füße. Der Balsam, den wir auf die Blasen auftragen, ist das Lob an uns, dass wir diese Strapazen des emanzipierten Familienlebens eigentlich ganz ordentlich meistern, inzwischen oscarreif sind für die Premierung «beste Familienorganisation», «intaktes Sexualleben trotz Minimalenergie», «Aufrechterhaltung individueller Interessen trotz Zeitnöten».

Meine Analysefähigkeit ist erschöpft. Deshalb hier nochmals die Übersicht:

Jagdhunde	**Familienhunde**
Typ A: Jagd- und Familienhund	Familienhund als Leithund
Typ B: Jagd- und Haushund	Familienhund Goldversion – Optimaler Zuchthalter für emanzipierte Frauen
Typ C: Jagdhund pur	

Du kannst es gerne mal an deinen Erfahrungen testen. Deine Testgruppe wäre ja weit größer als meine. Dennoch bin ich sicher, du kannst mir dieses Modell nicht widerlegen.

Und als emanzipierte Schwiegermutter ist es doch ganz schön zu wissen, dass deine Tochter die Wagnisse einer Ehe und Familie mit einer Goldversion der vierblättrigen Rarität eingegangen ist.

Kiss, nochmals Schwein gehabt!

Maya

8 Des Pudels Kern

Maya,
was bist Du doch für ein blödes Huhn, gackerst überheblich herum, kaust genüsslich in Abwesenheit sämtlicher stillgelegter Hirntätigkeiten am vierblättrigen Kleeblatt und flötest schrille Töne vom großen Glück. Hast Du tatsächlich den Eindruck, mit ein paar Einteilungen über Männertypen ein zuverlässiges Warnsystem zu entwickeln, die frau sofort die Nieten und Nullnummern erkennen lässt? Sei doch ehrlich, verdammt noch mal, Du bist doch auch nur per Zufall – nach dem Prinzip, auch ein blindes Huhn findet mal ein Korn – an diesen Mann geraten. Und erst hinterher hast Du herausgefunden, wo Du gelandet bist.

Obwohl ich Deinen Ausführungen über Hunderassen durchaus ein gewisses Interesse entgegenbringe, hast Du eine pikante Variante vergessen, nämlich den Mann, der zwar heiratet, partout keine Kinder haben will und erst im Aufbruch des zweiten Frühlings an Nachwuchs denkt. Die gleichaltrige Ehefrau ist indessen über die Jahre hinaus und wird entsorgt und durch ein jüngeres Modell in der gebärfähigen Altersphase ersetzt. Ein solches Drama habe ich hautnah mit meiner Freundin Beatrice erlebt. Sie wollte Kinder, er keine. Da sie ihn liebte, verzichtete sie schweren Herzens. Als sie dreiundvierzig war, wollte er dann doch und verliebte sich in seine junge Sekretärin, ließ sich scheiden und heiratete. Die Schwangerschaft ließ nicht lange auf sich warten, und er bot Beatrice zum Trost an, sie könne Patin werden, was sie dankend ablehnte.

Deine Kategorien sind für mich ziemliches Neuland! Nein, ich kann mit meinen Erfahrungen nicht dienen, da keine Testgruppe vorhanden. Ich hielt damals keinerlei Ausschau, um mich mit einem idealen Mann zwecks gemeinsamer Familiengründung zu paaren. Dein Vater und ich, beide mitten in den Irrungen und Wirrungen der 68er verstrickt, verliebten uns ineinander, und irgendwann war ich schwanger mit Dir, und wir konnten unser Glück, ein Kind zu bekommen, beinahe nicht fassen. Dann warst Du da, Lebensmittelpunkt rund um die Uhr. Dein Vater, für damalige Zeit eh exotisch, wickelte, badete und fütterte Dich, führte genau Buch über pflegerische Aktivitäten, wie Ohren und Nase mit einem in Öl getunkten Wattestäbchen zu putzen seien, und kümmerte sich hingebungsvoll um Dich. Und als Deine Schwester Alexandra geboren war, alles im Doppelpack.

Nach der Scheidung wäre ich einfach nicht auf die Idee gekommen, mir einen Familienhund Goldversion zu suchen. Eine Scheidung gleicht ohnehin einem totalen Stromausfall, da geht es nur noch darum, möglichst rasch ein paar Taschenlampen oder Kerzen aufzutreiben.

Aber Deine Einteilung leuchtet mir durchaus ein. Nur, mein liebes Kind, ich weiß nicht, ob die Frauen, wenn sie so sehnsüchtig durch die Discos schlendern oder auf irgendwelchen Feten herumstreunen, in dem entscheidenden Moment so viel Grips zur Verfügung haben, um sich nach einem solchen Schema den Passenden auszusuchen. Im Moment des Sehnens setzt ja bekanntlich der Verstand total aus. Ha, das hat die Schöpfungsintelligenz doch eigentlich ganz gut ausgeheckt, dass wir nicht zuerst überlegen und Tests aus der Tasche ziehen, um abzuhaken. Nein, das Hirn ist vernebelt, wir schenken dem potentiellen Partner alles, was er nicht hat, projizieren freudig, erzählen der Freundin begeistert vom Göttergleichen, und wenn der Lack allmählich abgeht, legen wir uns noch mehr ins Zeug, um von den unvergleichlichen Vorzügen zu schwärmen.

Irgendwann landen wir dann in der Realität – aber dann sind wir vielleicht schon geschwängert und planen, mit neuen Glückshormonen durchflutet, die Zukunft.

Dass Du, mein liebes Tochterkind, mit einem Familienhund Goldversion eine Familie gegründet hast, beruhigt. Inwieweit alle Schattengebiete ausgeleuchtet sind, kann ich nicht beurteilen. Und was diese Goldversion leistet, ist mir durchaus bewusst. Und trotz seines Einsatzes erlebst Du, dass es noch immer nicht ausreicht. Jetzt kannst Du Dir wirklich ein präzises Bild darüber machen, wie sich Frauen fühlen, die an der Seite eines Jagdhundes zu überleben versuchen. Zudem ist noch zu bedenken, was Erik alles in Kauf nimmt! Schließlich ist er gescheit, begabt und hervorragend ausgebildet. Und mit 80 % Arbeitsstelle bleibt er auf der Strecke und muss weitgehend auf eine eigene Karriere verzichten.

Vielleicht müssen wir auch lernen, Karriere anders zu definieren, als wir es landläufig gewohnt sind zu tun.

Vielleicht ist des Pudels Kern, dass wir von neuen Modellen der Partnerschaft noch relativ wenig wissen und uns ständig damit auseinander zu setzen haben, uns als ein im ständigen Prozess und also im Wandel stehendes Wesen zu begreifen, stetig unterwegs, der Veränderung unterworfen, immer wieder sich selbst und die eigene Lebensgestaltung neu zu definieren, das, was einem wichtig ist, ständig zu reflektieren.

Und dabei vielleicht festzustellen, dass jeder Tag auch wieder eine neue Chance ist.

Kiss
Mother

9 Macho

Hi, mother-queen,
wie immer willst du das letzte Wort haben. Dein Senf auch noch auf dieses Modell. Nur diesmal ist es dir nicht gelungen, Erik macht dir den Rang streitig. Er als Naturwissenschaftler war natürlich hell entsetzt über meine Vereinfachung der Welt. Der Männerwelt. Ich müsste ein solches Modell empirisch prüfen und validieren, Ausnahmefälle auflisten und katalogisieren. Vergeblich versuchte ich ihm begreiflich zu machen, dass dies ja lediglich eine ganz private Meinung sei und keinesfalls den Anspruch auf Perfektion, Vollkommenheit und Ganzheit beanspruche.

Aber wenn Erik einmal an einem interessanten Knochen schnuppert, dann lässt er sich diesen nicht mehr wegdiskutieren. Wo denn die Machos untergebracht seien, wollte er wissen.

Na ja, bei den Machos unterscheide ich eben auch zwei Typen: die offiziellen, typischen (offenes Hemd und Goldkette über haariger Brust) und die Undercover-Machos. Wenn sich das Machowesen eines Mannes nicht in brachialer Einfachheit präsentiert, sondern subtil, versteckt, nicht direkt angreifbar. So wie bei dem Paar, deren Kind neben Lucie in der Krippe sein Mittagsschläfchen hält. Der Vater ist zwar in der Schweiz aufgewachsen, verfügt aber offenbar über unheimlich starke italienische Wurzeln. Seine Frau ist gebürtige Schweizerin, die sehr sprachliebend ist und mit ihrem Kind fast nur Italienisch spricht (mit all den phonetischen und grammatikalischen Fehlern). Beide arbeiten, er mehr, sie weniger, beide teilen sich die Elternschaft auf, dies verkündigte er wenigstens ganz stolz am Elternabend. Doch wenn man genau hinsieht, und ich mache dies nun einmal gerne, dann verraten ihn folgende kleine Indizien: Es ist Zeit, das Kind abzuholen, die kleine Luisa hört aber auf kein Rufen und auf keine Befehle. Dies ist Standardprogramm und gehört zum Dienstag- und Donnerstagabend-Spektakel. Wenn die Mutter die Kleine abholt, dann geht sie zu Klein-Luisa hin, nimmt sie bei der Hand und zieht sie an. Wenn der Vater die Kleine abholt, bleibt er stehen (und zwar auf dem Teppich vor der Garderobe, der wie ein unsichtbares Pentagramm wirkt: magische Grenze für diesen Vater) und wiederholt energiearm seine Aufforderung. In dieser Zeit werden schon einige Kinder abgeholt oder sind bereits gegangen. Irgendwann einmal reißt einer Krippenbetreuerin der Geduldsfaden, und sie holt Luisa und zieht sie an. Der Mann steht unbeweglich da, er wartet, bis er Luisa fertig winterlich verpackt entgegennehmen kann. Der Macho lässt grüßen.

Oder am Elternabend erzählt die Mutter irgendetwas über Luisa. Er unterbricht sie, widerspricht ihr in einem sehr autoritären, unangenehmen Ton und lässt sie wie die Dumme im Reisfeld stehen. Rein faktisch hütet er die kleine Luisa mindestens einen Tag in der Woche, während sie arbeitet. Er bringt sie auch oft zu den Extraanlässen in die Krippe, und offenbar, gemäß Bericht am Elternabend, ist Luisa musikalisch frühbegabt, und er übernimmt den Transportaufwand für den Geigenunterricht.

Also nach außen hin ein Familienhund. Nur: heimlich ein Macho, der meine Goldversion total untergräbt. Diesbezüglich hat Erik Recht, es ist ein viel zu einfaches Modell, um all diese Sonderheiten auch noch zu umfassen. Vielleicht rettet mich der Stern. Wie wäre es mit Goldversion*. Also ein kinderliebender, offiziell emanzipierter Mann mit Machoallüren. Der Stern würde den Familienhund gleich wieder aufheben und der emanzipierten Frau das Signal geben, dass zwar diese Version erträglicher ist als die Jagdhunde, aber auf lange Sicht keine gute Lösung. Die heimlichen, hintergründigen Erniedrigungen würden die Liebe langsam auffressen, in kleinen Bissen.

Und um Erik zu beruhigen: Die offiziellen Machos könnte man ja durch ein Ausrufezeichen! kennzeichnen. Das ginge dann so:

Jagdhund Typ A!: Macho, der gerne Kinder hat
Jagdhund Typ B!: Macho ohne Bezug zu Kindern
Jagdhund Typ C!: der ewige Single-Macho
Familienhund als Leithund!: Familienfan im traditionellen Modell mit Machoallüren
Familienhund Goldversion!: Familienfan im pseudoemanzipierten Modell mit Machoallüren

Eigentlich müsste man einen Männertest entwerfen mit je 20 Stichfragen, um die Klassifikation heimlich beim ersten Treffen vorzunehmen. Nur dazu fällt mir weiß Gott momentan nichts ein.

Erik würde mich an dieser Stelle sicher nochmals rügen.

Ich hätte die Begriffe nicht ausreichend definiert. Was ich nun doch noch nachholen will, um wenigstens ein paar Schnitzer dieses Modells auszubügeln.

Also Surftour im Internet. Dort steht dann, dass Macho ein Mann ist, der sich übertrieben männlich gibt und sich stark an der männlichen Geschlechterrolle orientiert. Gleichzeitig wertet sein Verhalten das Männliche auf und das Weibliche ab.

Gemäß meinen Recherchen (Erik wäre stolz auf mich) ist eine Emanze eine Frauenrechtlerin, Feministin oder einfach eine emanzipierte Frau. Außerdem stelle ich mit Schrecken fest, dass der Begriff oft abwertend gemeint ist und den miesen Nebengeschmack hat, dass Emanzen männerfeindlich seien. Wohl darum ist der Begriff seit den neunziger Jahren wieder aus der Alltagssprache verschwunden.

Auf der Suche nach einer weniger anrüchigen Erklärung stoße ich auf den Werdegang der Emanzipation. Offenbar werden grob drei Emanzipationsbewegungen unterschieden, wobei die erste im 12./13. Jahrhundert stattfand unter dem Titel «Beginenbewegung». Charakteristisch dabei sei gewesen, dass die Bestrebungen der Emanzipation innerhalb des kirchlichen Rahmens stattfanden und diesen nicht in Frage stellten. Wen wundert es also, wenn diese Bewegung scheiterte ...

Die zweite Emanzipationsbewegung entstand nach der Französischen Revolution. Die lieben Franzosen haben nämlich mit «Freiheit und Gleichheit» nicht die Frauen gemeint. Im Begeisterungstaumel der Französischen Revolution entschlossen sich die Frauen, ebenfalls für ihre Rechte zu kämpfen. Dabei orientierten sie sich nicht wie ihre Beginenkolleginnen an der Kirche.

Diese Frauenrechtlerinnen im 19. Jahrhundert wurden bekannt unter dem Namen Suffragetten (welch tolles Wort!). Die Ziele ihrer Bemühungen waren: Wahlrecht, Recht auf Bildung, Recht auf Privateigentum und Erwerbsarbeit. Die traditionelle Rollenverteilung zwischen Mann und Frau war zu dieser Zeit kein Thema. Zu Beginn des Zweiten Weltkrieges hörte die «Suffragettenwelle» auf.

Mitte der 1940er Jahre entstand die dritte Frauenbewegung, wieder in Frankreich. Die Studentenunruhen der 60er Jahre machten aus dieser eine Massenbewegung: Diesmal ging es auch um die traditionelle Rollenverteilung von Mann und Frau, und das Patriarchat wurde massiv in Frage gestellt. Der Katalog der thematisierten Frauenrechte wurde stark ausgeweitet.

Nun, liebe Mami, wo bleiben die aktiven Hirnzellen. Lass uns doch das ganze Männermodell revidieren und ansehen, was meinst du denn dazu? Lass es mich wissen, die nächste Diskussion mit Erik kommt bestimmt.

Ach ja, und habe ich dir schon gesagt, dass Estelle kürzlich im Auto aus einem Kinderbuch VORGELESEN hat? Der absolute Wahn: «*Das kleine Schäfchen wollte spielen. Es hüpfte und sprang über seine Mama ...*» Wow, ich war hin und weg und vergaß vor lauter Begeisterung dabei, mich zu ärgern: über die stete Absenz von Vätern in den Kinderbüchern, seien es auch nur Schafsböcke.

Sei herzlich gegrüßt von Mama Suffragette.

Maya

10 Spreu vom Weizen trennen

Guten Tag, Suffragette,
was, ich kann es kaum fassen, Estelle kann lesen? Wie ich mich darüber freue! Hoffentlich wird es ihr dann in der Schule nicht langweilig. Ist das nicht einfach wie ein kleines Wunder? Ich kann es kaum erwarten, bis sie mir einen Brief schreibt. Später dann per Mail: Enkelin an Großmutter und zurück. Erinnerst Du Dich daran, wie Du an Deine Oma die ersten Mitteilungen per Brief sandtest? Und ich war mächtig stolz auf mein schreibfrohes kleines Mädchen.

Das Thema. Ja. Der Mann. Soll ich noch mehr Öl ins Feuer gießen? Tausend Geschichten, die mir da einfallen und die zum Himmel schreien. Das Blöde ist nur, je öfter wir die Geschichten erzählen, umso wütender werden wir, und es dreht uns vor Empörung durch den Wolf, und wir laufen emotional aus dem Ruder, dann müssen wir damit rechnen, als nicht ernst zu nehmende hysterische Weiber ausgepfiffen zu werden.

Die erste Lektion, die es für uns zu lernen gibt, ist wohl die, keine Perlen vor die Säue zu werfen, und damit meine ich, die emotionalen Juwelen unter keinen Umständen in eine Diskussion einzubringen, sondern sachlich und trocken, von denkerischer Klarheit durchdrungen zu argumentieren. Die Gefühlsarbeit erledigen wir dort, wo wir so sein können, wie wir sind, und uns so zeigen können, wie wir uns fühlen. Du kannst einer Sommerfliege nichts vom Winter erzählen! Also mit Holzfällern über das Holzfällen sprechen und nicht über filigrane Goldschmiedearbeit. Ich habe lange gebraucht, um dies zu begreifen. Als junge Frau – Du warst etwa drei Jahre alt – versuchte ich, Deinem Vater in einem Anflug totaler Verzweiflung und hormonellem Tiefstand klar zu machen, ich stünde kurz vor der Klapsmühle, weil ich den ganzen Tag Toiletten putzen müsse. Er schaute mich völlig überrascht an und kommentierte: «Was, Du verbringst den ganzen Tag in diesem winzigen Raum?» Da wusste ich, er hatte mich nicht verstanden.

Erst viel später begriff ich, was da geschehen war: Während ich auf der Beziehungs- und Gefühlsebene kommunizierte, bewohnte er ausschließlich die Faktenetage. Die Raumgröße der Toilette ist höchstens 2 x 2 Meter. Fensterlos. Klar, auf diesem kleinen Fleck hält sich kein Mensch den ganzen Tag auf. Mit seiner Faktenanalyse bin ich mit meinem emotionalen Anliegen an ihm vorbeigeschrammt. Pech gehabt. Wenn wir also wissen, dass Männer vor allem darauf getrimmt sind, sachliche Informationen aufzunehmen, dann sollten wir wissen, dass ein Schwächeanfall unsrerseits nicht etwa bildhaft eine Überforderung szenisch dokumentiert, sondern lediglich eine unliebsame Störung darstellt und in einem männlichen Hirn wie folgt registriert wird: Frau fällt zu Boden.

Die zweite Lektion ist schwieriger zu verstehen und fordert von uns eine ziemlich denkerische Virtuosität. Da ist nämlich eine derart dicke Kröte zu schlucken, die unter Umständen im Halse stecken bleibt. Es gibt gescheite und kompetente Männer. Aber es gibt auch andere. Nicht viel im Hirn, aber saumäßig aufgeblasen. Wenn sich Dummheit zum Meister aufbläht, wird es ungemütlich. Was muss da eine weibliche Vernunft leisten, genau die Unfähigkeit des Mannes zu sehen und ihm trotzdem stets das Gefühl zu vermitteln, überlegen zu sein, und ihm in allem den Vorrang zu lassen! Der Umgang von intelligenten Frauen mit ihren Männern erinnert oft an eine besonders pädagogisch durchdachte Förderung eines geistig etwas Zurückgebliebenen, dem man das Recht zuspricht, das Sagen zu haben. Ach, ich muss diesen Gedankengang bewusst unterbrechen, sonst nerve ich Dich mit weiteren Geschichten.

Also Schluss mit Jammern. Wie weiter? Gut, wir sind nicht blöd, wenn wir uns auch diesbezüglich absolut blöd verhalten. Aber wir tragen eine Geschichte in unseren Zellen, und die ist noch längst nicht ausgewaschen. Mit jeder kritischen Analyse jedoch befreien wir uns von diesem uralten Fluch. Das befähigt uns, im Alltag immer wieder die Frage nach der objektiven Kompetenz zu stellen. Und je mehr wir hinschauen, umso klarer wird es. Nochmals: Es gibt zweifellos gescheite und wundervolle Männer – das muss ich Dir nicht sagen. Aber es gibt eben auch die mittelmäßig bis leicht Unterbegabten, die sich nur dank ihres Geschlechts für großartig halten. Also, die Lektion lautet: die Spreu vom Weizen zu trennen.

Deiner Exkursion über die Emanzipationsbewegung nach der Französischen Revolution möchte ich noch eine pikante Ergänzung hinzufügen. Olympe de Gouges kämpfte an vorderster Front für die Menschenrechte: Liberté, Egalité, Fraternité. Hinterher musste sie zu ihrem großen Bedauern feststellen, dass diese Rechte nur für Männer galten und Frauen weiterhin davon ausgeschlossen waren. Sie verfasste eine «Déclaration des droits de la femme et de la citoyenne», die einen Katalog von siebzehn Forderungen enthielt, und reichte sie in der Nationalversammlung ein. Als Erstes postuliert sie: Die Frau ist frei geboren und bleibt dem Manne gleich in allen Rechten. Sie forderte u. a. Recht auf Freiheit, Eigentum, Sicherheit und Widerstand gegen die Unterdrückung der Frau, gleichen Zugang zu allen Würden, Stellen und Positionen in öffentlichen Ämtern, Recht auf Gedanken- und Meinungsfreiheit. Und dann langte sie noch in einem Thema zu, das ihr später den Kopf gekostet hat: Sie verlangte das Recht für Frauen, die Vaterschaft ihrer Kinder offen zu legen, was bis dahin verboten war, um den Schwängerer zu schützen. Am 17. Juli 1794 wurde sie wegen angeblicher Verschwörung verhaftet und nach Monaten qualvollen Wartens am 3. November desselben Jahres hingerichtet.

Wir sind schon einen langen Weg gegangen. Aber noch lange nicht weit genug.

Gruß,

Wandermutter

11 Lippenstift und Gummistiefel

Liebe Mutter Courage,
während Olympe de Gouges um wahrhaft Existentielles kämpfte und dabei ihr Leben verlor, komme ich mir mit meinen Problemen der heutigen Emanzipation klein, jämmerlich und nichtssagend vor (das wäre übrigens eine ausgezeichnete Argumentation für Emanzipationsgegner!). Und doch stehe ich tagtäglich auf dem Schlachtfeld, das mich beinahe um den Verstand bringt.

Eine berufstätige Frau zu sein und Kinder zu haben, ist die Besteigung des Mount Everest. Es gibt Tage, an denen knalle ich meine Handtasche total entnervt um 8.30 Uhr aufs Pult. Denn die erste große Schlacht ist schon vorüber, meist mit einigen Verlusten auf beiden Seiten. Ich stehe im weißen Deux-Pièces mit pinkfarbener Bluse und passenden Schuhen im Büro. Die Haare frisch gewaschen und frisiert. Passender Schmuck, versteht sich. Und dann ziemlich viele Schichten auf dem Gesicht: nach Reinigung, Tonic und Tagescreme ein Gemisch aus leicht deckendem Make-up und einem Fluid mit lichtreflektierenden Partikeln (das macht frisch, obwohl unausgeschlafen). Deckende Augencreme gegen die wohl nie mehr verschwinden wollenden Augenringe. Seit neuester Zeit muss auch noch der Abdeckstift her. Der Gedanke, ob ich mit 37 Jahren schon auf die Wechseljahre zusteure oder ob dies den 7-Jahres-Hormonwechsel bedeutet, beunruhigt mich täglich bei diesem Prozedere. Über alles ein Hauch Puder. Zum Fixieren. Dann kommen die Augen; gekonnt, je nach Farbe des Oberteils, schichte ich zwischen 3–5 Eyeshadows über- und nebeneinander. Zusätzlich Augenbrauengel, Kajal, Mascara. Dann noch Rouge (entweder in Rosa oder in Bronze). Zuletzt runden die Lippen mit Lippenkonturenstift und Lippenstift das Ganze ab. Ich muss zugeben, der Gesamteindruck, um 8.30 Uhr im Büro, ist nicht schlecht. Eine gut angezogene, attraktive Berufsfrau, die frisch und powervoll wirkt.

NUR … mein Herz rast. Vor Wut. Vor Ungeduld. Vor schlechtem Gewissen. DENN … ich habe zwei Kinder. Und die ziehen sich nicht von selbst an (eine könnte es, und du kannst sicher sein, dass sie genau dann, wenn Mami früher im Büro sein sollte, weil sie ein Interview hat, wie ein kleines Baby sein will, das man liebevoll anziehen muss!). Zudem braucht Estelle für jeden Schritt ihres Morgenrituals circa zwei Ermahnungen. «Estelle, zieh dich bitte jetzt an, du kannst nachher noch Büchlein ansehen» – «Estelle, ich weiß, du bist ein schönes Mädchen, aber die Haare kämmen sich nicht von alleine, wenn man sich im Spiegel bewundert.»

Nach dem Frühstück, das meist noch idyllisch abläuft, beginnt das Rennen um die Zeit. Erik und ich teilen uns die Mädchen oft auf. Erik macht Estelle bereit und bringt sie, ich habe Lucie-Dienst und umgekehrt. Doch gibt es auch Tage, an denen Erik früh ins Tessin fahren muss und ich für alles alleine verantwortlich bin. Und das ist der nackte Wahnsinn.

Während ich verzweifelt versuche, mich zu entscheiden, ob ich heute das weiße oder das gestreifte Deux-Pièces tragen soll, ob mit rosafarbener Bluse oder mit schwarzem T-Shirt kombiniert, holt Lucie die Knete hervor. Obwohl ich zuerst duschen wollte und Lucie dann erst anziehen, entscheide ich mich um, denn die Knetsauerei aufzulesen, das kann ich mir in dieser Situation nicht leisten. «Komm, Schatz, wir wechseln die Windelein und ziehen dich an.» «Barbapapa», sagt sie nur und meint es energisch. Ich weiß schon, was jetzt kommt. Zum Glück habe ich noch ein Barbapapa-T-Shirt (das andere ist noch in der Wäsche, uff, Schwein gehabt), und obwohl die Temperatur draußen auf 13 Grad abgekühlt ist und der Sommer in Regengüssen ertränkt wird, lasse ich es durchgehen. Aber bei den kurzen Hosen kommt es dennoch zu Tränen. «Nein, Lucie, du ziehst jetzt lange Hosen an, draußen ist es kalt, es regnet.» Nach zwei Minuten Drama ziehe ich die kurzen Hosen über die langen an. Während sie noch halb verweint mit mir ein Streitgespräch über die Flipflops beginnen will und ich noch schnell eine Ermahnung zu Estelle hinschleudere (sie überlegt gerade, ob der Slip so richtig hingelegt ist, um ihn dann doch noch einmal anzuziehen), stürze ich in die Dusche. Kleines Time-out.

Ich höre vor der Duschkabine aber schon das Gejammere von Lucie, weil sie den zweiten Flipflop nicht findet, und Estelles Gerufe nach mir. «Was ist denn los, Estelle?» – «Ich finde das Unterhemd nicht, wo hast du es hingelegt?» – Ich bringe es noch hin, den netten Ton: «Schatz, du hast es schon an, mach jetzt weiter mit dem T-Shirt und den Leggings. Und nachher Zähne putzen und Haare kämmen.» Während ich mich schnell in die weiße Hose und die Bluse zwänge, versuche ich, Lucie klar zu machen, dass es regnet und darum heute keine Flipflops, sondern die Gummistiefel drankommen. Ein erneuter Wutanfall ihrerseits (mit einem gut inszenierten Fall auf den Boden) ermahnt mich, dass es jetzt noch zu früh ist, dieses heikle Thema zu debattieren. Das ganze Make-up ist noch fällig. Also nehme ich sie mit ins Badezimmer.

Während ich versuche, mit ruhiger Hand zu cremen und zu pinseln, räumt Lucie die Schubladen des Lavabomöbels aus. Eine Sekunde überlege ich noch, ob ich einschreiten soll, aber der Blick auf die Uhr macht alles klar. Vorwärts, keine Diskussionen mehr, abgekürztes Make-up, Lippen erst im Büro, sonst bin ich zu spät. «Mami, wo ist die Bürste», schallt es von unten. Ich werfe den Pinsel hin. Es hat keinen Zweck, vom oberen Stock aus Estelle zu erklären, wo die Bürste liegt. Sie findet selten etwas und sucht auch nicht wirklich. Deutlich gereizt reiche ich ihr die Bürste und renne wieder nach oben. «Sofort hinlegen», schreie ich Lucie an, die sich und ihr Barbapapa-T-Shirt in der Zwischenzeit mit meinem knallpinkfarbenen Lippenstift verziert hat. Ich reiße ihr den Lippenstift aus der Hand (sie weint sofort los wie eine Sirene) und putze ihr ungeduldig das Gesicht (das T-Shirt lasse ich pink, denn eine erneute hitzige Diskussion darüber, welches andere T-Shirt die gnädige Dame heute noch auf ihrem Körper zulässt, ist zu zeitaufwändig). Ich weiß, hier müsste ich ihr liebevoll erklären, warum sie das nicht machen soll. Aber dafür habe ich einfach keine Zeit mehr. Während ich schnell das zweite Auge nachpinsle, schreit Lucie in einem fort. Anstatt mit ihr Frieden zu machen, schnauze ich sie an: «Hör jetzt sofort auf zu weinen, du darfst den Lippenstift nicht nehmen, und damit basta.» Beim Rougeauftragen kann ich mich in letzter Sekunde retten. Lucie wollte ihr verweintes Gesicht und wohl auch die letzten Reste des Lippenstifts an meiner weißen Hose abputzen. Beim Rückwärtssprung zertrete ich meine Lieblingshaarspange, die Lucie vorher aus der Schublade ausgeräumt hat. Ich koche, packe das Kind und stürme runter. «Hast du die Zähne schon geputzt?» – «Nein, immer mit der Ruhe.» «Jetzt aber vorwärts, komm nachher runter, ich ziehe Lucie schon an.» Während Estelle im Zeitlupentempo meinen Anweisungen nachkommt, nähern wir uns dem großen Finale: Lucies Schuhen.

Ich versuche es auf die ruhige Tour. «Hier, Lucie, sind deine Gummistiefel, zieh sie an.» Sie muss einen wirklich schlechten Tag haben, die Kleine, denn die Sirenenschaltung hat wohl einen Wackelkontakt. Ihr Widerstandsweinen erschallt. Ich nehme die Gummistiefel und ziehe sie ihr an. «Estelle, komm nun endlich», rufe ich entnervt. Sie hört mich nicht. Ich gehe zurück zur Treppe und schreie es lauter nach oben. Hinter mir macht es Plumps. Zweimal. Das sind die Gummistiefel, die gegen die Türe prallen. Im Trotz macht Lucie gute Würfe. Estelle kommt daher, zieht ihre Gummistiefel an, vergisst aber ihren Kindergartenstreifen. Wenigstens sie unterstützt mich: «Lucie, schau, Estelle hat auch Gummistiefel an.» Gut gemeint, Estelle, aber es nützt nichts. Lucie hat sich schon die Flipflops montiert. «Geh schon mal zum Auto, ich komme nach», sage ich zu Estelle, während ich den roten Lackmantel als Regenschutz anziehe. Er sieht toll aus, fast etwas anrüchig, hat aber einen unangenehmen Nebeneffekt: Er erzeugt in Sekundenschnelle tropisches Klima. In den ersten Hitzewallungen versuche ich nochmals, die Gummistiefel anzuziehen. Lucie schreit nun schon sicher seit fünf Minuten, windet sich wie ein Aal. Keine gute Kombination mit dieser mörderischen Hitze, die meine ganze Frischmacharbeit vom Morgen zu ruinieren droht. Außerdem kommt auch in mir die Hitze auf. Ich könnte dieses Kind schütteln und nur noch anschreien. Ich stopfe ihre Füße gewaltsam (nun schon zum zweiten Mal) in die vermaledeiten Gummistiefel und zerre sie ins Auto. Während sie schreit, gurte ich sie an. Estelle sitzt schon, mit Gummistiefeln und angegurtet. Brav. Mist! Ich habe ihren «Znüni» vergessen. Schnell noch mal ins Haus rennen, einen Minipick packen. Lucie schreit noch immer und schluchzt zwischendurch. Es regnet in Strömen. In der Zufahrtsstraße stehen schon drei Autos vor mir, es dauert eine Ewigkeit, bis ich endlich auf die Hauptstraße fahren kann. Lucie weint noch immer.

Ich gebe Estelle bei der Tagesmutter ab, kurz angebunden, schneller Kuss. Lucie weint noch immer. Natürlich! Die Parkplätze vor der Krippe schon alle besetzt. Es regnet noch stärker. Ich versuche, Lucie die Kapuze über den Kopf zu ziehen, was das Weinen, das schon abklingen wollte, wieder anstachelt. Während ich mit ihr durch den strömenden Regen renne, versuche ich noch auf die Schnelle, wieder mit ihr Frieden zu machen. «Komm, Lucie, ist doch alles nicht so schlimm. Jetzt kannst du spielen gehen. Robin ist sicher auch schon da.» Und zum Glück ist er da. Sie schnieft noch einmal und geht zu ihm, winkt mir zu, mit verweinten Augen. Ich sprinte zurück zum Auto, und ab ins Büro.

Jetzt könnte ich eine Pause vertragen. In Ruhe einen Kaffee trinken, mich erholen. Einen Plan schmieden, dass ich eben das nächste Mal (noch) früher aufstehen muss, damit das alles nicht passiert, damit ich die Geduld habe, die Eigenarten meiner Mädels zu berücksichtigen, der Fashionshow von Lucie Platz einzuräumen und Estelles Langatmigkeit und Verträumtheit ebenfalls zu akzeptieren.

NUR ... ich betrete das Büro, meine Assistentin springt erfreut hoch und kommt gleich zu mir: mit einem dicken Packen Papier. Gestern war ich Hausfrau (da haben sich die Papiere schon gesammelt), und heute bin ich Managerin im weißen Deux-Pièces und schon von Anfang an im Energieminus. 20 Minuten Tränen, zwei aggressive Handlungen, eine ironische Bemerkung, eine kaputte Lieblingshaarspange sind das Resultat dieser Morgenübung. Und ich lebe noch. Einfach mit furchtbar schlechtem Gewissen. Und während ich die Zeugnisse unterschreibe, nehme ich mir fest vor, am Abend eine extralange Geschichte zu erzählen.

Ich sehe schon dein Gesicht vor mir. Ungläubig. Du meinst, meine hysterische Ader sei nun am Zucken. Maßlose Übertreibung. So sei es wohl nur am Freitag, dem dreizehnten.

Nein, liebe Mami, das ist nicht mal eine so verrückte Geschichte. Es ist eine von vielen. Es sind diese oder jene Hindernisse. Auch die Gefühle variieren oder die Länge des

Gezeters. Je mehr Hetze und Druck auf mir lasten (wichtige Termine, schwierige Gespräche, lange Prioritätenlisten), desto schlimmer das morgendliche Desaster. Es gibt nur eine Lösung. Noch früher aufstehen. Aber irgendwo gibt es bei mir eine Schmerzgrenze. Ich habe wirklich keine Lust, mehr als zwei Stunden zu investieren, um zwei Kinder bereitzumachen und mich selbst. Das ist doch der nackte Wahn.

Klar, wenn ich in T-Shirt und Jeans und ungeschminkt weggehen könnte, dann würde eine Stunde genügen. Aber ich muss die Firma repräsentieren und die Kosmetik, die sie verkauft, auch tragen. Wenn die Firma das zahlen würde, dieses Aufbretzeln, dann gäbe das 'ne tolle Summe. 15 Minuten (und das ist eine karge Zeitrechnung), darum sagen wir 30 Minuten pro Arbeitstag. In den ersten zwei Jahren waren das ja 100 %, sprich 480-mal Aufdonnerung. Das gibt schon 14 400 Minuten. Und in den letzten sechs Jahren zu 60 %, das gibt 25 380 Minuten. Zusammen macht das 39 780 Minuten oder 663 Stunden oder 82,8 Arbeitstage. Wenn sie mir dies in Ferien anrechnen würden, dann hätte ich auf meine 60-%- Stelle 27 Wochen Ferien, was ja ein halbes Jahr wäre. Wow. Die Rechnung erschlägt mich selbst. Ich habe mich also innerhalb von acht Jahren bisher 83 Tage lang nur schön gemacht. No comment.

Wenn du noch weitere gute Ideen hast, wie ich diesem Schlammassel entgehen kann, nur zu. Sag mir einfach nur nicht: alles mit Ruhe machen. Das mache ich immer. Am Anfang. Aber irgendwann kippt es. Und wenn ich dann drin bin, in diesem Teufelskreis von Ungeduld, Zeitdruck und Perfektionswahn, dann gibt es kein Entrinnen mehr.

Eigentlich wollte ich mir was von der Seele schreiben. Aber jetzt bin ich wirklich erschüttert. Nicht nur, dass ich als geduldige Mutter versage, sondern dass die Emanzipationsfalle noch zusätzlich durch den Repräsentationswahn zuschnappt. Zweimal gebissen, gehe ich nun zum Kühlschrank. Ich glaube, ich habe noch ein feines Doppelrahmjoghurt. Auf dem Weg dahin kann ich gleich die Schuhe einsammeln, die Lucie im heutigen Verweigerungsprozess um sich geworfen hat.

Sei gegrüßt vom Make-up-Mekka,

Maya

12 Zweimal gebissen

Hallo, Hysteria,
ja, es ist verrückt, und die detaillierte Schilderung dieses Wahnsinns macht die Sache nicht besser!

Trotzdem packen mich beim Lesen Deiner Zeilen natürlich wieder meine eigenen Schuldgefühle am Schopf, was bin ich doch für eine miserable Mutter, die nicht einmal ihrer Tochter in dieser Notlage beisteht und so weiter und so weiter. Schon beginne ich mir zu überlegen, ob ich vielleicht jeweils morgens um vier Uhr nach Zürich fahren sollte, Dir beim Anziehen und Krippe-Hütebringen der Mädels zu helfen, damit Du ausreichend Muße zum Pinseln und Kleistern findest, anschließend könnte ich zurückfahren, um dann meine eigenen Termine wahrzunehmen, vielleicht ließe sich da auch noch das eine oder andere verschieben oder ganz absagen und so weiter und so weiter. Felix, der ebenfalls Deine Mail liest, trinkt indessen seelenruhig seinen Kaffee, fragt, gehen wir heute Abend noch zu Pia, hast du die Zeitung schon durchgesehen, ich finde die Telefonnummer meines Masseurs nicht, hast du sie? Das männliche Dasein scheint von derartigen Notzuständen definitiv unbeeindruckt. Bevor ich jetzt aber in die mir in- und auswendig bekannte intrapsychische Grundsatzdebatte einsteige, Pro- und Contra-Argumentationen bastle, Länderspiel im eigenen Hirn, Schachspiel gegen sich selbst, ob der Mann nicht grundsätzlich mehr zur Rechenschaft gezogen werden sollte, nicht nur bei der Zeugung mit Fifty-fifty-Beteiligung brillieren, sondern ebenso hinterher, fehlt mir je länger, je mehr die Lust dazu. Die Argumente, obwohl absolut überzeugend, drehen sich im Kreis. Was wollen wir denn noch alles an Überzeugungsarbeit leisten, um den Mann davon zu überzeugen, dass Kinderhaben nicht nur die Sache der Frau ist.

Und in Deinem Falle ist es sogar so, dass Dein Mann eine absolute Ausnahme darstellt, sich mit großem Engagement um die Kinder kümmert und Kinderhütediensttage ohne Murren und Knurren, nein, sogar mit Freude und selbstverständlich übernimmt. Da würde manch einer Frau das Wasser im Mund zusammenlaufen, wenn sie hört, dass ein Mann sagt, nein, dieser Kindertag gehört mir, nein, ich will unter keinen Umständen einen 100-%-Job, denn ich will mit meinen Mädchen zusammen sein. Eigentlich dürftest Du Dich nicht beklagen, sondern müsstest jeden Tag dem lieben Gott für Deine priviligierte Situation danken. Mit so einem Mann sollte das Unmögliche machbar sein. Und damit hockst Du mit Deiner Emanzipation knietief in der Falle. Zweimal gebissen.

Und ich erkläre Dir gerne, weshalb. Aber vorher möchte ich noch vorausschicken, dass ich mir durchaus im Klaren bin, mich damit in das fetteste Fettnäpfchen zu setzen, das es in einer Mutter-Tochter-Beziehung gibt. Und ich gebe gerne zu, ich würde viel lieber einen weiten Bogen darum herum machen und ein wenig übers Wetter oder sonst was parlieren. Ich schätze es nicht, wenn meine Tochter derart sauer auf mich ist, dass ich damit rechnen muss, für die nächste Zeit die Mutter-Arschkarte gezogen zu haben.

Trotzdem wage ich es. Ich werde zunächst meine gesamten didaktischen Fähigkeiten in die Waagschale werfen, um die Inhalte möglichst verständlich und gut portioniert aufzubereiten. Also: Du bist bemüht, eine geduldige und liebevolle Mami zu sein und gleichzeitig eine nach neuen Vorstellungen zurechtgepinselte, gestylte, kompetente und tüchtige Managerin. Dabei ist Dir entgangen, dass beide Rollen einen Vollzeitjob beanspruchen, und was die Rolle als Mutter betrifft, noch etwas mehr. Da sind die Nächte und in Deinem Falle die vielen schlaflosen.

Eigentlich bräuchte es für den von Dir vorgesehenen Aufgabenbereich zwei Menschen. Du aber versuchst, es als Einzelwesen abzudecken, schließlich hast Du ja einen Mann, der Dir viel abnimmt.

Und jetzt wird es unangenehm: Das Konzept ist fehlerhaft.

Euer Denkmodell lehnt einerseits an das traditionelle Familienmodell an: Die besten Betreuungspersonen sind die biologischen Eltern. Zwei Tage Fremdbetreuung ist genug und muss dann durch Eigenbetreuung wieder entschädigt werden. Bist Du Dir eigentlich darüber im Klaren, dass Du mit dieser Einstellung in der erzkonservativen Familienpolitik angekommen bist? Einerseits emanzipiert sein wollen, großartige Karrierefrau spielen wollen, andererseits aber derart kleinkarierte Ansichten vertreten, dass Du selbst noch Frau Bünzli im selbstgewobenen naturfarbenen Jäckchen in den Schatten stellst! Auf der anderen Seite aber seid Ihr plötzlich ein ultramodernes Pärchen mit zwei Kindern, wo die individuelle Selbstverwirklichung der Eltern ein gleichberechtigtes Anliegen neben allen Verpflichtungen spielt. Jeder zwackt vom Zeitprogramm noch einen freien Abend ab für Musikmachen, Tanzen, mit Freunden oder Freundinnen ausgehen. Darüber wacht Ihr wie die Sperber, dass keiner zu kurz kommt. Die Termine werden wie kleine Heiligtümer gehütet. Deshalb lauft Ihr beide wie die Hamster im Rad. Beziehungsorganisation. Kinderhüte-AG, wann du, wann ich, schon wieder ich oder du. Ständig im Termingerangel. Und wenn Ihr dann völlig erschöpft am Boden liegt, könnt Ihr Euch wenigstens zuprosten und sagen, aber mit der geringsten zeitlichen Fremdbetreuung und gleichzeitig je einen freien Abend für jeden auszukommen.

Euer Problem ist ein philosophisches. Solange Ihr Euch zu keinem vernünftigen machbaren Konzept durchgerungen habt, so lange können die Gummistiefel von Lucie zu einem derartigen Drama ausarten, dass es Dich in Deiner Identität als Mutter und auch als Berufsfrau schwer beschädigt. Das Konzept, zweimal die Woche Kinder in die Krippe zu bringen und sich hinterher geputzt und bei strahlender Laune seinem Job zu widmen, ist eine Illusion. Verstehst Du, es funktioniert nicht.

Ich denke, Du hast es längst begriffen, da Du es ja schon oft erlebt hast. Aber ich weiß, dass es für Erik nicht so ist. Deine Versuche, ihn mit körperlichen Hilferufen auf die Überforderung aufmerksam zu machen, hat bis jetzt auch nicht funktioniert. Migräne, Grippe, Erkältungen, alles umsonst.

Was ist zu tun? Und jetzt setze ich mich in den nächsten Fettnapf! Es ist durchaus möglich, dass Erik in seinem naturwissenschaftlichen Denksystem für philosophische Überlegungen keinen Platz hat. Und statt pädagogische Nachhilfestunden für fixierte Konzepte auszuhecken, wäre es viel gescheiter, einfach zu handeln, und das heißt: sich dazu durchzuringen und höchstselbst eine Entscheidung zu treffen, die ihm nicht besonders gefallen wird. Und es hinterher auszuhalten, dass Ihr geteilter Meinung seid. Schließlich gehört das auch zum Leben, sich mit Realitäten abzufinden, die einem nicht behagen. Übrigens ist das die effizienteste Lektion, um Lebenskonzepte zu überdenken und allenfalls zu korrigieren. Das Konzept heißt: eine Kinderfrau!

Herzklopfen. Bin ich zu weit gegangen? Ich, Deine Mutter, darf ich Dir einfach sagen, was ich denke? Oder bin ich sogar dazu verpflichtet? Ich weiß es nicht.

Aber vielleicht lohnt es sich, auch mal zu überlegen, was wohl geschehen wäre, wenn ich Euch damals als Alleinerziehende keine Fremdbetreuung zugemutet hätte? Klar, Ihr hättet es viel lieber gehabt, rund um die Uhr von mir betreut zu werden. Eure Begeisterung für Frau Sennmann hielt sich in Grenzen. Hätte ich aber diese Möglichkeit nicht wahrgenommen, hätte ich niemals eine Schule gegründet und hätte auch keine Bücher geschrieben. Ich wäre heute eine von der Fürsorge unterstützte Frau, wahrscheinlich etwas depressiv, aber mit Sicherheit grantig und verbittert. Einen großen Vorteil hätte diese Variante: Ich könnte Dir jetzt als grauer Drachen unter die Arme greifen.

Genug für heute. Lass mich bitte bald wissen, was Du denkst, spann mich nicht auf die Folter, Du siehst, ich bin in Bange.

Ich liebe Dich.

Deine Mami

13 Paradies mit Hinterhalt

Chère mère de bla bla bla,
ich gebe es unumwunden zu, ich genieße es beinahe etwas, dich auf die Folter zu spannen, da ich im letzten Brief doch einiges an Breitseite kassiert habe, doch bei präziser Analyse hauptsächlich: bla bla bla. Nein, trotz allem, liebes Mütterchen, du hast die Mutter-Arschkarte nicht gezogen. Eigentlich wollte ich keine Klageschrift schreiben. Es war wohl eher einfach ein ironisches Lachen über so einen Kraftakt des Morgens. Und Ansprüche an deine Hilfe spüre ich in keiner Sekunde, weder im Hirn noch im Herz. Überhaupt kommt mir die Idee, ich bräuchte Unterstützung, gar nicht in den Sinn. Was ich versuche zu Stande zu bringen, vollbringen doch alle arbeitstätigen Mütter. Gut, ich gebe zu, die einen tragen ihre Gesundheitssandalen, haben tolle graue Strähnen und altersechte Falten, verwaschene T-Shirts und zerknitterte Leinenhosen. Ist ja auch ein Look. Und sehr zeitsparend. Auch Erik hüpft elegant in seine Jeans, schnappt sich irgendein Oberteil, mit der nassen Bürste übers Haar, und schwups, ist er bereit. Im Notfall sind das nicht mehr als zwei Minuten. Also: Obwohl er mit mir fifty-fifty macht mit Holen und Bringen und Anziehen und Gummistiefeltheater, kostet es ihn nur halb so viel Zeit. Überhaupt ist die Fifty-fifty-Theorie ein absoluter Blödsinn. Auf dem Zeichenbrett entworfen und praxisuntauglich. Auch wenn gewisse

Dinge «gerecht» unter Mann und Frau aufgeteilt werden, du kannst es drehen, wie du willst, die Frau macht am Ende doch mehr. Das haben ja auch Untersuchungen gezeigt, dass die Frau die viel höhere Gesamtarbeitsbelastung (Arbeit inklusive Haushalt) trägt, somit weniger Energien und zeitliche Kapazität hat, sich um anderes zu kümmern wie z. B. um eine gezielte Karriereplanung.

Zurück zum traditionellen Familienmodell. Ja, ich glaube, dort liegt der Hund begraben. Mit einem Unterschied. Und jetzt ziehe ich wohl die Tochter-Arschkarte. Aber lass auch mich didaktisch etwas ausholen:

Ich fand meine Fremdbetreuung oberdoof. Deine Frau Sennmann mit ihrem rothaarigen, fahlen Milchbüblein konnte mein Gesamtbild der Welt nicht besonders erweitern, außer wenn es um das Ausmisten meines Kinderzimmers ging. Aber einen Schaden hatte ich auch nicht davon. Sonst könnte ich wohl meine Kinder kaum mit gutem Gewissen abgeben.

Estelle hat an zwei Tagen die Woche eine Art Frau Sennmann mit Tochter, sie ist nur nicht bei sich zu Hause. Und Lucie geht gerne in die Krippe. Sozusagen mit wehender Fahne, und das ist die Hauptsache.

Ich finde, das reicht. Für das offizielle Pensum.

Mein viel geschätzter Ehegatte, mit dem ich das Unmögliche versuche machbar zu machen, ist mit diesem Teil sehr viel strenger als ich. Ich bin immerhin noch diejenige, welche Lucie in der Sportkrippe abgibt, um zu meinem minimalen Bewegungspensum zu kommen. Wenn ich nicht dreimal die Woche die Beine schütteln kann, dann bin ich sterbensunglücklich und übellaunig. Auch wenn Erik das nicht goutiert und selbst nie machen würde. Weder die Sportkrippe noch den dreimaligen Sport. Ich bin diejenige, welche eine Babysitterin aufgetrieben hat und sie einmal im Monat kommen lässt. Auch wenn Erik findet, diesen Film könnten wir ja auch auf DVD zu Hause genießen. Ich bin diejenige, die ab und zu die Kids an einem Samstagnachmittag den Urgroßeltern bringt. Auch wenn Erik findet, wir könnten ja alle zusammen in die Stadt gehen, und alleine bummeln sei nicht nötig. Und ich bin diejenige, welche die Mädchen zu Alexandra zum Übernachten bringt. Auch wenn Erik findet, Lucie sei noch zu klein dafür, und sie hätten es doch schön bei uns.

Hörst du es: ich, ich, ich. Von wegen fifty-fifty.

Erik steht nicht mit der Flinte vor dem Ausgang und droht. Er murrt nur und vermisst die Mädchen nach fünf Minuten Abwesenheit. Er ist es, der auf dem Heimweg zur Tram spurtet, mich im Schlepptau, damit wir zehn Minuten früher die zwei wieder abholen können. Und vorher hat er am Kiosk für jede noch ein Heftchen gekauft.

Du siehst, es gibt noch mehr als zwei Tage Krippe und Tagesmutter.

Nun schreitest du daher, die Übermutter vom Dienst, die immer eine Lösung aus dem Kästchen zaubert. An jedem Missstand in unserem Haushalt ist die Absenz der Kinderfrau schuld – findest du. Bei jedem zweiten Telefongespräch sagst du mir: «Nur noch einen letzten Satz, stell dir vor, du säßest oben in deinem Zimmer, und es ist vier Uhr. Du könntest einfach der Kinderfrau runterrufen, dass du auch zum Vier-

Uhr-Tee kommst. Und nachher arbeitest du weiter, und dann ruft die Kinderfrau hoch: ‹Frau Onken, das Abendbrot steht bereit, und die Kinder sind im Pyjama, ich gehe jetzt.› Stell dir dieses Paradies doch einmal vor.»

Bist du bereit für den ersten Hammer? Dieses Bild ist keineswegs das Paradies. Weiß ich doch, wie es abläuft. Meinst du, Lucie würde einfach bei Lieb-Kinderfrau, nennen wir sie doch einfachheitshalber, Frau Kressentini, bleiben? Wenn sie weiß, dass Mama zwei Türen weiter da ist. Sie, die nicht mal bei ihrem Vater ausharrt, um Lego zu spielen, wenn sie weiß, dass ich unweit zu erreichen bin. Erster Trugschluss. Meine ganze Energie dieses fleißigen Nachmittags mit Frau Kressentini würde darin bestehen, Klein-Lucie, die an die Türe klopft, die an der Türe weint, die sich an mich klammert beim Zurücktransportieren, zu erklären, dass Frau Kressentini ganz toll sei und auch mit ihr Lego spiele. Erschöpft würde ich ein paar Apfelschnitze und Kekse mitessen, immer daran denkend, welche Arbeit in den verbleibenden Stunden noch auf mich wartet, und mir schon die nächsten didaktischen Kunststücke ausdenkend, wie ich den kleinen Mama-Fan von mir wegbringe. Wahrscheinlich würde es damit enden, dass Lucie mit einer Barbapapa-DVD vor dem Kasten sitzt, während Estelle brav summend ein tolles Bild malt. Gut, das Abendbrot könnte Frau Kressentini dann richten, da gebe ich dir Recht. Aber der Pyjama bei Lucie würde definitiv wegfallen. Kurzum: Lucie ist für Frau Kressentini zu klein und momentan gut aufgehoben in der Krippe. Also vergiss sie, die paradiesische Kinderfrau.

Dein Denkkonzept, dass die Lösung aller Probleme in einer Kinderfrau liegt, ist ein Trugschluss. Denn Frau Kressentini würde kaum schon um sieben Uhr in der Früh beginnen wollen zu arbeiten. Und dann rund um die Uhr bis abends 18 Uhr. Stell dir vor, dass sind elf Stunden Arbeit, ohne Pause, das ist gesetzlich ja sogar verboten. Klar, Hausfrauen machen das alle Tage. Aber die gehören ja offiziell nicht zur arbeitenden Garde, müssen also gesetzlich nicht geschützt werden.

Nächster Hammer: Ich habe endlich begriffen, warum du sie immer wieder erwähnst, die Kinderfrau. Weil auf sie auch Zugriff in außergewöhnlichen Situationen wäre, wie: Ich habe wieder einen Hexenschuss und muss zwei Wochen liegen. Da könnte man Frau Kressentini sagen, ach, kommen Sie doch morgen auch noch den ganzen Tag. Oder ich habe Magendarmgrippe, halte mich vorwiegend auf dem Klo auf, und Erik hat vier Tage Messe in Basel. Auch hier, Anruf genügt. Oder ich werde wegen Geschäftsführerwechsels zu einer dringenden Sitzung für den nächsten Tag um ein Uhr einberufen. Null Problem, Frau Kressentini eilt herbei.

Du hast Recht, Frau Kressentini würde sehr wahrscheinlich diese Fälle abdecken, außer sie hätte sich mit der Magendarmgrippe angesteckt oder sie wäre gerade auf einer Beerdigung.

Andere Frauen berufen sich in solchen Fällen auf ihre oder seine Mutter. Das mach ich auch. Und da liegt der Hund begraben. Ich habe erst jetzt begriffen, in welche Nöte ich dich mit einer solchen Anfrage bringe. Es ist, wie wenn mich eine gute Freundin anrufen würde, um mich zu bitten, am nächsten Tag ihre zwei Kinder zu hüten, sie hätte eine Notoperation. Wenn diese Notoperation auf meinen Mama-Tag fallen würde, dann ginge es. Aber wenn ich arbeiten müsste, o je, da würde ich in Teufels Küche schmoren. Ich würde ihr so gerne helfen wollen, könnte es aber einfach allerschwerlichst und mit vielen unangenehmen Konsequenzen organisieren. Also müsste ich ihr absagen. Und so geht es dir mit mir. Du hast Interviews oder Sitzungen oder Kurstage. Da ruft die Tochter an. Wie damals, als ich das Kind verlor. Du würdest zu gerne kommen, von Herzen. Aber der Terminkalender schüttelt den Kopf. Und dann hast du Schuldgefühle oder ein schlechtes Gewissen. Und das ist verständlich. Darum wäre Frau Kressentini so paradiesisch. Damit niemand in Nöten ist: ich nicht und du auch nicht. Ich habe es begriffen – endlich.

Für Notfälle und Größeres bin ich außerdem nicht ganz großmutterlos. Eriks Mutter packt gerne ihre Siebensachen (und ein Auto voll Esswaren) und braust vom Welschland daher. Nur für diese lange Wegstrecke muss sich der Besuch lohnen. Wegen einer lumpigen vierstündigen Sitzung ist der Aufwand zu groß. Dann gibt es noch die Babysitterin, meine Schwester, die 80- und 90-jährigen Stiefurgroßeltern, die Stiefmutter, die Kollegin etc., die ich anfragen kann. Aber manchmal frage ich auch dich. Und dann schmorst du in der Höllenküche und wünschst dir Frau Kressentini herbei.

Zurzeit noch bin ich aufgrund des Mangels an stets verfügbaren Großmüttern eine Ausnahme unter meinen

Freundinnen. Denn als ich mir überlegte, angestachelt von der Kinderfraudebatte, wie denn diese ihre Emanzipation so organisieren, da fiel mir auf, dass Großmütter eine ENTSCHEIDENDE ENTLASTUNGSROLLLE spielen. Einige Modelle basieren zu 100 % auf Großmutters Hütediensten. Andere teilweise. Selten ganz ohne.

Nur – stell dir vor, all diese Emanzenmütter werden einmal selbst Großmütter. Emanzipierte Großmütter. Dann ist dies Spiel wohl aus. Denn entweder ersticken diese arbeitenden Großmütter die Emanzipation ihrer Töchter mit Kindern im Keime, oder die Gesellschaft übernimmt diesen Part, indem sie es in den nächsten zwanzig Jahren endlich schafft, dieser neuen, stets wachsenden Frauenrolle Rechnung zu tragen durch: Blockzeiten und Mittagstische in den Schulen, Ganztagesschulen und -kindergärten, mehr Horte und Krippen. Wenn das Fremdbetreuungssystem in der Schweiz weiterhin so dahindümpelt, von wahrscheinlich wohlwissenden Männern in den entscheidenden Stellen konserviert, und jeder fortschrittliche Entwicklungsgang durch ewige Sandmühlen zerstäubt, dann gibt es beim nächsten Klicken des Generationenrades den Super-GAU. Mangelnde Fremdbetreuungsplätze, schlechte Infrastruktur in der Arbeitswelt und keine Großmütter mehr, die diesen Affront an die Frau abfangen, auslöffeln und abfedern. Entweder hören unsere Töchter auf mit der ganzen Emanzipation, werfen sie auf den Müll und spülen ihre Ambitionen das Klo runter, oder sie formieren sich zu Kampftruppen und gehen auf die Barrikaden, leiten sozusagen die vierte Emanzipationswelle ein: Auf Reden folgen Taten.

Wenn du die aktuellen Diskussionen und Untergangsvisionen verfolgst, dann haben die Frauen ja schon die Notbremse gezogen. Sie kriegen einfach keine Kinder mehr. Bei den Akademikerinnen gibt es ja nur noch bei jeder Zweiten Nachwuchs (und somit wird der intellektuelle Nachschub geschwächt, und unsere Wirtschaftsspitze wird in zwanzig Jahren ziemlich ausländisch und dunkelhäutig oder schlitzäugig aussehen ...). Die Politik diagnostiziert die Implosion unserer Sozialsysteme, die fehlenden Jungen werden die zukünftigen Rentner verarmen lassen. Darum der fast hysterische Aufruf von mittelalterlichen Herren nach mehr Kindern: Mehret euch und bewahrt Rentensysteme und die westliche Gesellschaft vor dem Kollaps. Einige Länder wie Schweden oder Frankreich zeigen uns, dass, wenn Kinderbetreuung außer Haus üblich und erhältlich ist und der Wiedereinstieg von Frauen ins Berufsleben gefördert wird, die Geburtenrate ansteigt. Die Schweiz hat leider keine großen Heldentaten aufzuweisen: Endlich dürfen Mütter nach der Niederkunft mindestens 14 Wochen zu Hause bleiben und erhalten 80 % ihres früheren Lohns. Wow. Eigentlich wollte der Bund 200 Millionen in den Aufbau von Krippen investieren, ist nun aber wieder auf 60 Millionen zurückgekrebst. Und in ganzen 35 Gemeinden gibt es Tagesschulen. In allen anderen fordern zersplitterte Unterrichtszeiten berufstätige Eltern zu Organisationshöchstleistungen auf. Du weißt, ich bin politisch nicht aktiv und schon gar nicht umfassend informiert, maße mir deshalb auch keinen Lösungsansatz auf dieser Ebene an. Das Einzige, was ich weiß, ist, dass mir die sinkende Geburtenrate TOTAL einleuchtet und diese, wenn die

Bedingungen für die berufstätige Frau weiterhin so schwierig (das ist jetzt das netteste Wort, das mir dazu einfällt ...) bleiben, weiterhin sinken wird.

Du siehst, ich bin eigentlich eine stolze Vorreiterin für kommende Heldentaten. Die hütenden Großmütter gibt es nur noch in deiner Generation. Wenn ich zur Großmutter werde, ist diese Spezies wie Blauwale: vom Aussterben bedroht. Aber wahrscheinlich gibt es dann Riesenmassen von uralten Menschen, am Hungertuch nagend und unterbeschäftigt, da körperlich und geistig noch fit, wenn man Zukunftsvisionen glauben darf. Also werden die dann das Hütedesaster lösen!?

Also, wo liegt denn das Problem? Wenn ich dich wimmernd vor Elend anrufe und dich um einen Einsatz bitte, dann kannst du ganz cool antworten: «Sorry, stolze Reiterin, suche weiter, Frau Kressentini wäre dein Paradies, aber ich bin eben schon die neue Generation Großmutter.» Aber da ich dein Höllengeschmore endlich begriffen habe, werde ich versuchen, dir diese Antwort zu ersparen.

Und weiter geht's in der Schmiede, Hammer Nummer drei, warum ich jetzt (!) noch (!) keine Frau Kressentini will.

Oft habe ich das Gefühl, gar nichts richtig zu machen: im Job kein Vollgas, für die Kids nicht wirklich und immer da, für Erik manchmal ein Drachen, für Freundinnen nicht verfügbar, für alle andern stets im Schuss, für mich selbst ein Jammerlappen an restlicher Energie. Da muss ich mir ja eine Lebensphilosophie, ein Gedankenkonzept, wie du es zu nennen pflegst, zusammenschustern, um nicht vor Frustration und Gram über all die halb vollen Gläser zu jammern und zu heulen.

So sage ich mir: Qualität vor Quantität als Motto für all diese Dinge. Im Job gebe ich 150 % an jedem Tag der 60 %. Wenn ich bei den Kindern bin, dann bin ich für sie da und freue mich darüber (außer beim Gummistiefeldrama), mit Erik arbeite ich zusammen an einer Beziehung, die für uns beide stimmt und welche alle unsere wichtigen Bereiche abdeckt: Gespräche, Körperkontakt, Freude und Entspannung. Die Familie sieht man an all den Festen und Geburtstagen, die sich so ergeben. Bei den Freundinnen trennt sich die Spreu vom Weizen: Die treuen Echten bleiben bei der Stange, auch wenn es zwischendurch mal Sendepausen gibt, dic anderen verlaufen sich im Sand. Recht so. Und für all die anderen Menschen brauche ich nicht da zu sein, die können leben ohne mich. Voilà. Seit meinem Burn-out vom letzten Jahr habe ich gelernt, wie wichtig es ist, sich jeden Tag etwas Gutes zu tun. Manchmal auf Kosten der Kinder, manchmal aber auch auf Kosten der andern (Applaus für die Zeitschinder-Spinnenfrau).

Zurück zu den Kindern: Ich muss mich ausgeglichen fühlen, mein inneres Gleichgewicht finden zwischen den Kindern und meinen Aktivitäten. Ich habe kein Problem, die Kinder an zwei Tagen wegzugeben. Sie lernen viel dazu, handeln mit anderen Kindern und Regeln. Der Tag mit Papa ist Gold wert. Und dann habe ich noch einen kleinen Rest von «Kinder-weggeben-ohne-schlechtes-Gewissen»-Einheit wie den Babysitter für einen Ausgang mit Erik oder die Sportkrippe für ein gutes Körpergefühl, aber irgendwann ist das

Maß voll. Ich möchte dann mit meinen Kindern sein, mit ihnen spielen, mit ihnen das Abendbrot richten, sie in den Pyjama stecken und eine LANGE Geschichte vorlesen. Das macht mir Spaß und gibt mir ein Zufriedenheitsgefühl. Und diese Stimmung «Es ist schon ok, wie du es machst» brauche ich, damit es mir gut geht. Klar kann ich auf die Gummistiefelszene und das Gehetze am Morgen verzichten. Aber wenn ich zusammen mit den Gummistiefeln auch den Pyjama und die lange Geschichte streichen muss, dann geht die Rechnung nicht auf.

Und so, wie ich es zurzeit organisiert habe, überwiegt das beruhigte Gewissen den Kindern gegenüber. Und das ist das Paradies! Zwischen all dem Gerenne, Gehetze und Gerangle um das Gleichgewicht habe ich es mit den Kindern auf ein angenehmes Maß gebracht von Qualität und Quantität. Wenn es dir keine Hochstimmung vermittelt und du immer noch von Frau Kressentini träumst, dann tut es mir Leid, aber darauf kann ich im Moment einfach keine Rücksicht nehmen.

Und noch was Philosophisches zum Abschluss: Der Strom der Zeit fließt. Die Dinge verändern sich. Die Kinder werden größer, anders. Jobs kommen und gehen, Freunde kommen und gehen, Unglücke und Krankheiten kommen und gehen. Und all die großen Felsen im Fluss der Zeit werden mich zwingen, die Schwimmtechnik und die Transportmöglichkeiten zu ändern. Jetzt keine Kressentini heißt nicht nie eine Kressentini ...

Außerdem – die Kinderfrau rettet mich nicht vor der Emanzipationsfalle! Und auch keine Oma, die um vier

Uhr aufsteht, um mir bei den Gummistiefeln beizustehen.

Mein Denkmodell muss überprüft werden. Aber deines auch. Ich hoffe, dass ich nun bei der Zehner-Fahrkarte der mütterlichen Schuldgefühle kein Loch gestanzt habe, weil mich Sennmanns Hütedienste nicht zu Begeisterungsstürmen und Applauswogen verleiten. Ich habe im Nachhinein keine Wut oder Enttäuschung oder nachträgliche Erwartungen an dich, dass du dich in dieser Situation anders hättest organisieren müssen.

Ich bin froh, dass du keine verbitterte, frustrierte Frau geworden bist, die bei jedem Rascheln aus dem Fenster späht in der Hoffnung, ein Besuch sei für sie da. Ich bin stolz auf deine Bücher und die Schule. Und damit basta und gute Nacht.

Veuillez agréer, Madame, l'expression de mes sentiments les plus respectueux,

Maya

14 Frau Kressentinis Grabgesang

Hallo, mein Mädchen,
nein, nicht basta: Nachschlag. Kurz und knapp.

Deine Analyse, weshalb ich derart nach Frau Kressentini dürste, stimmt und ist gleichzeitig falsch.

Frau Kressentini würde mich wahrscheinlich für das Ende meines Großmutterdaseins von sämtlichen Schuldgefühlen entlasten. Nie mehr mit schlechtem Gewissen Deinem Notstand eine Absage erteilen müssen, nie mehr hin- und hergerissen sein zwischen Überlegungen wie: Müsste ich vielleicht das Seminar oder den Vortrag nicht doch abblasen, das Publikum nach Hause schicken und erklären, sorry, Großmutterpflicht ruft.

Schließlich geht es doch um Dich! Und wenn ich sehe, wie Du wie ein Hamster im Rad kurbelst, nicht zur Ruhe kommst, obwohl Du läufst und läufst, nicht vom Fleck kommst, dann ist das für mich mehr als nur ein kleineres persönliches Ärgernis, nein: Es ist eine Katastrophe. Daneben nehmen sich meine verkrümelten Schuldgefühle wie ein paar störende Brosamen aus, die von einem überladenen Tisch, der beinahe unter der Last zusammenkracht, heruntergefallen sind.

Und wenn ich Dich so sehe – meine Tochter! –, dann stellen sich altbekannte Gefühle wieder ein, alte Sätze kurbeln im Hirn, alles gepaart mit einer unsäglichen Wut im Bauch, weshalb das eigentlich alles unsere Angelegenheit sein soll. Zuerst tragen wir die Kinder in unserem Bauch, oft mehr schlecht als recht, die ersten Wochen kotzen wir, dann gehen wir auf wie Ofenküchlein, sehnen die Geburt herbei, und hinterher erschlafft die Bauchdecke, die Brustwarze ist entzündet, das Kind schreit, und der Mann möchte auch noch gefüttert werden. Während die Herren der Schöpfung mit ihren mittelmäßig begabten Hirnzellen am Schreibtisch sitzen und Börsenkurse studieren, nicht gestört werden wollen und sich ihr Leben nach der Agenda einrichten. Altlasten sind es, die mir noch immer die Schweißperlen auf die Stirn treiben und mich zu einer Reaktion veranlassen, die ich ja selbst bescheuert finde. Nun, sich selbst kann man eben nicht aus dem Weg gehen, und wir haben ja auch Jahrzehnte Zeit dazu, uns langsam an uns selbst zu gewöhnen, uns mit diesen sich oft gegenseitig bekämpfenden Denkströmungen auseinander zu setzen, einerseits und andererseits, im Hirn begriffen und trotzdem noch mit Verhaltensweisen geschlagen, die einem die Schamesröte ins Gesicht steigen lassen.

Und weil ich aus eigener Erfahrung weiß, dass sich gesellschaftliche Strukturen nur allmählich ändern, greife ich zur Selbsthilfe. Und die heißt Frau Kressentini.

Übrigens, Fußnote, in meiner hintersten Seelenecke bin ich davon überzeugt, dass die gelebte Emanzipation der Frau nur möglich ist unter Frauen. Wie soll das gehen, wirst Du mich fragen: mit Frauen zusammenleben, Kinder großziehen, sich gegenseitig unter die Arme greifen. Berufstätigkeit kein Problem. Sich aushäusig schwängern lassen, gelegentliche Schäferstündchen, sich am Sonntag mit Kinderwagen treffen.

Gut, ich weiß, davon wollt ihr jungen Frauen nichts wissen. Lieber Rund-um-die-Uhr-Unglück. Obwohl die meisten Frauen nicht einmal am Sonntag einen Mann zur Seite haben, der den Wagen schiebt.

Trotzdem – wie immer – herzlich

Mami

15 Emanzipation, fahr zur Hölle – ewig Nummer zwei

Hallo, Gynozentrika,
dein matriarchales Glockengeläute in Ehren, aber wenn einem der Wirtschaftswind um die Ohren pfeifft, hat frau keine Zeit, rückwärts zu blicken und Vergangenheitsparadiesen nachzuflennen, denn jetzt geht es ums nackte Überleben, denn da steh ich nun, mit abgesägten Hosen. Eine Managerin, Nummer zwei im Business. Die Zwei muss ich mir merken, weniger wird es wohl nie.

Es ist etwas Ungeheuerliches passiert. Völlig ohne Warnung, vom Himmel herab, wurden innerhalb 24 Stunden meine Chefs ausgewechselt. Johann ging, Samuel kam. Mehr als einen Hirschen im Gehege kann es nicht geben, das sehe ich ein. Beim alten Hirsch war ich Nummer zwei, seine rechte und linke Hand, seine Ratgeberin, Shitauslöfflerin, seine private Psychologin, sein Kotzkübel, seine (Achtung, Kosewort) Personaltante und seine überall einsetzbare, treue, loyale, stets motivierte Mitarbeiterin. Er war mein Chef, Ratgeber, Freund, Vorbild, Vertrauter und hin und wieder und selten ein Idiot. Der neue Chef nimmt mich auf die Seite und sagt mir, du bist auch meine Nummer zwei. Wow. Neuer Chef – gleiches Szenario?

Wenn ich wirklich emanzipiert wäre, dann würde ich jetzt zuschlagen. Ich bin nämlich in einer «Pool-Position», damit meine ich, ich sitze am längeren Hebel. Denn ich bin der älteste Hase im Hirschgelände. Jetzt könnte ich verhandeln. Mehr Lohn fordern. Konditionen raushauen. Und was mache ich? Ich weine, weil ich so erbärmlich verlassen wurde. Und ich habe Angst. Angst vor der Zukunft. Und Angst davor, dass Samuel keine Teilzeitmanager mehr will und die Studie, basierend auf zwanzig Schweizer Unternehmen, nicht kennt, die beweist, dass familienfreundliche Unternehmenspolitik eine Rendite von acht Prozent erziehlt. Denn Teilzeitmanagement hat Johann gewollt und unterstützt! Bravo, Johann. Das hast du gut gemacht, obwohl du die Studie wohl auch nicht kanntest. Wohl etwa dreimal im Jahr verlangte er mich außerhalb der Arbeitstage zu sprechen, für wirklich DRINGENDES und WICHTIGES. Der neue Chef hat mich in den letzten 24 Stunden (und ich hatte frei!) viermal angerufen.

Ich kann keine Konditionen rausschinden, weil ich Kinder habe. Ich kann null Flexibilität aufweisen. Andere Arbeitszeiten bringe ich nur mit mindestens einer Woche Vorlaufzeit mit Hängen und Würgen zustande. Mehr Lohn fordern kann ich nicht, denn meine Kapazität für Chefkapriolen (schnell ins Flugzeug, noch eine Sitzung anhängen, wichtiges Abendessen mit Kunden) ist gleich null. Acht Uhr Krippe auf, 18 Uhr Krippe zu. Das kann ich dazu sagen.

Klar habe ich einen Ehemann, der nur 80 % arbeitet. Und wir teilen uns die Krippendeadlines auf. Und somit bin ich in dieser ganzen Situation zwar in einer fantastischen Ausgangslage für einen weiteren Karriereschritt, aber ich kann ihn einfach nicht unternehmen.

Und somit bleibt die zwei wohl ewig meine Nummer.

Jetzt fragst du dich, ob du dich in meinem Wesen geirrt hast. Ob ich im Kerninnern eine Streberin, eine Karrierefrau bin, die jetzt total frustriert über ihren blockierten monetären Aufstieg vor sich hin muffelt. Nein, du kannst beruhigt sein. Ich bin eigentlich ganz zufrieden, wie es läuft (oder besser gesagt, bis gestern gelaufen ist). Wenn man(n)/chef mir meine Unflexibilität und meine Ruhe an den freien Tagen lässt. Wenn ich selbstständig arbeiten kann, weiterhin Verantwortung übernehmen und mitbestimmen kann und alles mit der eigens zusammengebrauten Arbeits- und Lebensphilosophie bepinseln darf, dann bin ich glücklich.

Frustriert bin ich eigentlich nur über die TATSACHE, dass Frauen mit Kindern in der Emanzenrolle wohl nie weiter kommen als auf Platz zwei. Und Platz eins ist ganz bestimmt ein Mann, dessen Frau die Kinder betreut. Oder auch, sehr beliebt, der Single mit unerschöpflichen Energieressourcen, null Verpflichtungen und überhaupt keinem Zeitgefühl für Feierabend oder Wochenende.

Auch wenn ich 100% arbeiten würde, es würde an der Aufstellung der Rangordnung nichts ändern (nur an meinem Schuldgefühl den Mädchen gegenüber). Die Nummer eins ist ein Mann. Und der ist der größte Platzhirsch überhaupt. Und weil ich, geschlechtlich gesehen, eben ein Reh bin, fehlt das Geweih für die Nahkämpfe. Die mickrigen Hörner sind knapp zum Überleben geeignet, keinesfalls zum Gewinnen.

Dies nur ganz knapp, damit du ein Bild hast von der aktuellen Situation deiner Tochter, erstgeboren und doch Nr. zwei.

Sei gegrüßt, total frustriert, traurig und aufgebracht

Maya

PS: Und gerade jetzt kam noch eine SMS vom neuen Chef herein, ein Dankeschön und ein Befehl, wie das Kommuniqué an die Kunden verschickt werden soll. Ich glaube, das ist eine gute Stellenbeschreibung für Platz zwei: ausführen, was andere wollen, aber immerhin wird dir gedankt. Bei Platz drei fällt der Dank weg. Und da bin ich schon dankbar, dass ich wenigstens nett behandelt werde, rund ums Befehleausführen.

16 Platzhirschnummer

Liebe Maya,
Du bringst es auf den Punkt: Die Einsen sind Männer, ungeachtet, ob Nullnummer, Schaumschläger oder tatsächlich von Kompetenz durchglühte Köpfe. Das stattliche Geweih soll Eindruck erwecken, den Gegner abschrecken, ihn in die Flucht jagen, analog der menschlichen Spezies, bei der das Muskelspiel in der männlichen Identität ebenfalls eine beträchtliche Rolle spielt.

Um mich selbst vor dem totalen Jammertal zu retten, habe ich mir eine kleine Überlebenslist angeeignet, die mich vor der emotionalen Kapitulation schützt und darüber hinaus noch dafür sorgt, dass mein Gemüt plötzlich spielerisch leicht in unbeschwerte Regionen hüpft. Wenn ich einer aufgeblasenen Nullnummer begegne, setze ich ihm einfach mal imaginativ ein Geweih auf den Schädel, und siehe da, wir sind mit einem Schlag auf einer völlig neuen Ebene. Da steht er dann, mit seinem etwas unkreativen Blick hinter einem Holundergesträuch, äugt matt zwischen den Ästchen und versucht mich einzuschüchtern, damit er freie Fahrt für seine Balznummer erhält. Mit diesem Bild verliert das Gegenüber unverzüglich seine mythologische Zauberkraft, und Du erkennst das eigentliche Motiv: imponieren und sich aufblasen. Und dann fallen mir auch die passenden Sätze ein. Um Dir diese

Strategie anzueignen, hier etwas zum Üben: Bush, Jo Ackermann, Gerhard Schröder. Viel Vergnügen!

Aber beim Lesen Deiner Zeilen sind mir selbst Situationen eingefallen, gleichzeitig Einfallstor für die altbekannten Gesellen der Schuldgefühle, ob ich Dir wohl dieses verdammte Zudienen vererbt habe, klar doch, dieser Scheiß kriecht über die mütterliche Nabelschnur in die Tochter.

Ja, auch ich. Vielfach trainiert. Perfekt funktionierende Nummer zwei im Strafvollzug, als kleine ahnungslose frisch gebackene Psychotherapeutin, fleißig und umsichtig nach allen Seiten, Straffällige hingebungsvoll therapierend und gleichzeitig ebenso hingebungsvoll und umsichtig den überforderten sozialpädagogischen Chef gecoacht, gepampert, unterstützt, mit neuen Ideen gefüttert und, als der Idiot mal an einer Weiterbildung teilnahm und nächtens bei einer anderen Vollzugsbeamtin unterschlüpfte und sie schwängerte, ihm mit Rat und Tat und viel Verständnis für seinen folgenschweren hormonellen Überdruck zur Seite stand, seine Ängste auch nachts um drei noch entgegennahm: Komm, Bruder, Mutter Teresa nimmt Dich in ihre tröstenden Arme. Er wusste, wenn die Sache auffliegt, fliegt er raus. Und ich wusste es ebenfalls. Und ich bangte um ihn. Es wäre mir nicht in den Sinn gekommen, mir seinen Rausschmiss zu wünschen. Obwohl. Unter uns gesagt – und dies nur im dreißigjährigen Rückblick gewagt und weil er inzwischen gestorben ist: Ich wäre zweifellos die ideale Besetzung gewesen.

Spätere Einsätze verliefen alle in derselben Richtung: Trittbrettchen bereitstellen, fördern, unterstützen, motivieren. Heilpädagogische akrobatische Hirnverrenkungen betreiben, wie bringe ich es ihm bei, dass er versteht, wie motiviere ich, dass er sein Soll zu erfüllen in der Lage ist, wie besänftige ich Unlust, damit er nicht wie eine zusammengesackte Eins auf dem Sockel steht.

Und ich sage Dir, das läuft überall so. Ich wollte kürzlich in einer Drogerie mit dem Chef sprechen, da ich besondere Fragen bezüglich Säure-Basen-Gleichgewicht hatte. Er kam, und ich wusste, wieder so eine Flasche, der nur seinen Posten halten kann, weil rund um ihn die fleißigen Bienchen summen und den Honig einsammeln. Nein, habe ich zu ihm gesagt, in diesem Falle spreche ich doch lieber mit der Lehrtochter. Und ich hätte mich hinterher ohrfeigen können, denn sie wusste tatsächlich bestens Bescheid und informierte mich sachkundig und äußerst kompetent.

Die Platzhirschnummer funktioniert eben nur deshalb, weil wir Frauen durch die Kinderbetreuung grundsätzlich gehandicapt sind und darüber hinaus noch derartig geschädigt, dass uns das Schuldgefühl ständig wie ein Affe sprungbereit auf der Schulter sitzt. Das heißt, unser gesellschaftliches Ordnungssystem garantiert dem männlichen Wesen bis hinunter in das mittelmäßig bis unterbegabte Lager, einen Nummer-eins-Posten zu bekleiden. Deshalb ist es wichtig, dass keine weiteren Kinderkrippen, Mittagstische, Ganztagsschulen entstehen und Frauen ihre Kapazität mit Organisieren und Managen schwächen.

Nun aber zu Deiner Situation. Was soll ich dazu sagen? Zuerst so viel: Ich bin stolz auf Dich. Du kannst anpacken.

Kannst Dich hundertprozentig in den Dienst einer Sache stellen, verfügst über eine hohe fachliche Kompetenz, darüber hinaus bist Du unzimperlich, unneurotisch, unzickig, mit viel Geschick, Weitsicht und Warmherzigkeit ausgerüstet, um kompetent als Kapitänin einen Ozeandampfer über die Meere zu fahren, einen Jumbojet zu fliegen, einen Betrieb zu führen. Das musst Du als ständiges Bild in Deinem Bewusstsein führen. Das heißt, die innere Realität muss sich derart verankern, dass sie sich in jedem Satz, in jeder Bewegung nach außen zum Ausdruck bringt. Du musst selbst von Dir wissen, was Du kannst und wer Du bist. Nur auf diesem Hintergrund lässt sich letztlich auch die äußere Realität verändern.

Angela Merkel, die heutige Bundeskanzlerin Deutschlands, ist genau diesen Kurs gefahren. Nachdem Schröder abgewählt wurde und er sich aufführte wie ein trotziger Schuljunge, der das Resultat nicht zur Kenntnis nehmen wollte und Frau Merkel anpöbelte, schaute sie ihn einfach an mit diesem felsenfesten Wissen in sich, was sie zu bieten hat.

Darüber hinaus ist es hilfreich, sich vor allem im Freundeskreis mit Menschen zu umgeben, die Dich im Glauben an Deine Kompetenz unterstützen, damit es gelingt, sich und seinem eigenen Wert die Treue zu halten.

Und jetzt wünsche ich Dir einen schönen Sonntag. Ich sitze bereits an meinem kleinen Weiher, habe soeben die Fische gezählt. Sie sind noch alle da. Das beruhigt.

Deine Mami

17 Im Dilemma

Lieber Fisch-Fan,
wie schön, dass sich wenigstens eine von uns den Luxus erlauben kann, am Teich zu sitzen, Fische zu zählen und sich der Idylle eines Weihers hinzugeben – bei dir ist offenbar alles in Ordnung. Immerhin.

Deinem Rat, selbst zu wissen, wer ich bin und was ich kann, will ich gerne nachkommen, nur, wird er funktionieren? Eine Frau geht zum Psychiater, sie ist überzeugt, eine Maus zu sein. Nach mehreren Behandlungsstunden wird sie als geheilt entlassen. Sie verabschiedet sich überschwänglich von ihrem Psychiater und geht. Nach wenigen Minuten kommt sie schreiend und außer Atem zurück. Der Psychiater fragt, was los sei, und sie antwortet: «Ich weiß jetzt, dass ich keine Maus bin, aber draußen auf dem Gartentor sitzt eine Katze. Ich weiß nicht, ob die Katze weiß, dass ich keine Maus bin.»

Ana-Maria, eine langjährige Freundin von mir, eine Vollblutakademikerin, rief mich gestern an. Auch sie war überzeugt, dass ich keine Maus sei, sondern ein durchaus großes Tier. Sie lebt das gleiche Schicksal wie ich. Zweifache Mutter (einfach später angefangen, weil vorher sehr erfolgreich), 80 % Managerin. Eine Superfrau, die es geschafft hat (besser als ich), durch ständigen Jobwechsel in den Lohnklassen aufzusteigen, stets auch nur maximal bis Nummer zwei vorgedrungen, aber besser entlohnt. Und sie rät mir: «Jetzt musst du absahnen. Dich strategisch verkaufen. Geld verlangen. Dir einen neuen Vertrag geben lassen.»

Gedankenstation 1:
Ja, ich weiß, ich habe Verkaufsbegabung, leite Verkaufsschulungen, pusche und berate andere, sich gut zu verkaufen. Aber wenn es um mich geht, dann gibt es eine RIESENHÜRDE. Obwohl ich meine Qualitäten und Kompetenzen kenne und auch keine Mühe habe, diese zu benennen, scheue ich mich wie die Katze vor dem kalten Wasser, dafür «ABZUSAHNEN». Darin bin ich schlecht. Verdammt schlecht. In den letzten zehn Jahren habe ich gelernt, manchmal und hin und wieder in Läden zu verhandeln (kriege ich einen Rabatt, wenn ich bar zahle?). Aber hinzugehen zum neuen Chef und Kassensturz zu machen, das ist eine grauenhafte Vorstellung. Bei all den Lohngesprächen in meiner Arbeitskarriere bin ich nur einmal aufgebraust, weil mir ein Chef den abgemachten Bonus nicht auszahlen wollte, mit fadenscheiniger Begründung. Als er einlenkte und mich fragte, was ich denn nun wolle, bestand ich nicht auf dem ganzen Bonus, sondern verlangte nur den halben, aus lauter schlechtem Gewissen wegen der vorausgegangenen Szene. Du siehst, darin bin ich eine typische Frau. Denn Männer haben diese Probleme einfach nicht!

Ich bin gespannt auf deine Antwort, es muss etwas mit Erziehung, Vererbung, geschlechterspezifischen Umwelten etc. zu tun haben. Gut, das nützt mir auch nichts, wenn ich weiß, warum ich das habe, es fällt mir trotzdem schwer.

Gedankenstation 2:
Was will ich? Wo liegen die Prioritäten? Bei den Kindern oder im Job? Das ist hier die große Quizfrage. Denn wie soll ich daherkommen und bei gleichem Aufwand, gleicher Unflexibilität und gleicher Beschränkung auf einmal mehr wollen? Ich müsste bei uns zu Hause die Karten neu mischen. Erik reduziert, und ich erhöhe. Will ich das, kann ich das? Will er das, kann er das?

Eine andere Vision: Mit jedem Tag werden die Kinder älter und das Leben einfacher. Wenigstens in den tausend Alltagsdingen. Lucie ist erst zweieinhalb Jahre alt. Sie ist wirklich noch ganz klein. Hat noch Windeln, will zu Mami. Weint, wenn ich arbeiten gehe. Sie ist noch in einer Phase, wo meine Präsenz wichtig ist. Bei ihr habe ich viel mehr das Gefühl, dass sie mich braucht, als bei Estelle. In weiteren zwei Jahren geht Lucie in den Kindergarten. Kann sich selber anziehen, trägt Slips und verliert den ersten Zahn. Dann aufmoppeln, Gas geben, ist sicher einfacher. Jetzt ist es eine Mammuttat. Es bräuchte 1000 Nerven- und Gewissenskilo mehr, um die Priorität auf meine persönliche Karriere zu legen und nicht auf ein gemütliches, ausgeglichenes Familienambiente.

Schon eine Schweinerei. Haben Männer je solche Gedanken? Überlegen sie eine Sekunde, ob sie den neuen Job in Amerika annehmen? Drei Monate Projektarbeit in einer anderen Stadt? Ja klar, da gehen sie hin. Da sahnen sie ab. Das macht sich gut in ihrem Lebenslauf. Könnte eine Frau je so entscheiden?

Ach, Mami, diese Emanzipation ist ein Trugschluss. Sie bringt so viele Probleme mit sich. Manchmal denke ich heimlich, ich werfe den ganzen Bettel hin. Konzentriere mich auf die Kindererziehung und baue die Hobbys aus: Schmuck basteln, stricken, schreiben, lesen, tanzen und viel Sport. Keine Sorgen mehr. Wenig Verantwortung. Keine Spinnennetze mehr zwischen Job und Familie. Nie mehr ein schlechtes Gewissen, nur noch, wenn man die Fertigpackung Kartoffelstock braucht.

Keine Angst, das sind nur Sekundenwünsche. Weiß ich doch, dass ich ausflippen würde. Mein Gehirn würde bei lebendigem Leibe erfrieren, einrosten und verhungern. Meine Energie, mein Vorwärtsdrang, meine Lebens- und Gestaltungslust würde zerstörerisch wirken – in Form von Aggression gegen andere und Depression gegenüber mir. Das ist keine Option. Das ist Selbstmord.

Nun denn, ich lasse die Gedanken weiter kreisen, Lucie ist wieder wach, und Estelle hat «Bernhard und Bianca» fertig gesehen. Warum es wohl nicht «Bianca und Bernhard» heißt?

Umarmung – wie immer

Dilemma-Maya

PS: Wie wäre es mit ein paar Tipps? Konkret und durchführbar?

18 Ach, mein Mädchen

Liebe Maya,
ich hoffe, es gelingt mir, einige Gedankenimpulse zu liefern, die Dir helfen, das ständige Drehen im Hamsterkäfig zu beenden. Die Trampelpfade im Hirn sind manchmal derart ausgetreten, dass es einem schwer fällt, sich noch einen anderen Weg vorzustellen, schließlich habe ich selbst jahrelang gekurbelt, gedreht, Hirnbrand beim Versuch, Lösungen zu finden.

Doch ich war in einer komfortableren Situation als Du: Ich *musste* arbeiten und Geld verdienen. Keine Wahl zu überlegen, ob ich das den Kindern wohl zumuten kann und vielleicht doch lieber nur Hausfrau sein wolle. Kein Dilemma, ob ich mich vielleicht doch lieber ganztags mit dem Lesen der Gebrauchsanleitung für Epilady beschäftigen wolle. Als Geschiedene muss frau einfach. Ob sie will oder nicht. Das ist das Supergute daran. Die hohe Scheidungsrate fördert die Emanzipation der Frau! Als Geschiedene hast Du gar keine andere Wahl, als die Zügel selbst in die Hand zu nehmen. Du wirst ins offene Meer hinausgeschleudert mit der Aufforderung: Zeig, was Du kannst. Und schwimm. Je aufgewühlter das Wasser, umso besser lernst du es. Irgendwann tauchst du unter den riesigen Wellen unten durch, das Gefühl beim Auftauchen, es geschafft zu haben, ist unübertrefflich. Und diejenigen, die nochmals versucht haben, sich auf einem männlichen Floß festzuhalten, lernen es spätestens beim nächsten Crash. Und die Frauen, die sich nochmals unter die Flügel eines IMDFD-Mannes (Ich-mach-das-für-dich) zu retten versuchen, verpassen die wichtigste Lektion ihres Lebens: die Freiheit.

Nun zu Dir. Ich habe den Eindruck, Du suchst nach einer idealen Lösung. Vielleicht hat es damit etwas zu tun, dass es Dir wichtig ist, die Dinge perfekt zu machen. Aber in der Region Familie und Beruf gibt es keinen Perfektionismus, der nicht ins Irrenhaus führt. Es gibt immer nur vorübergehende Versuche, eine einigermaßen akzeptable Lösung zu finden. Mit jedem Jahr verändern sich die Kinder, und es braucht eigentlich nur diesbezüglich eine entsprechende Flexibilität, sich darauf einzulassen.

Zu Deinem Job: Da sind im Moment nur zwei Dinge zu regeln und nicht gleich siebzehn auf einmal. Nämlich sich mit dem neuen Platzhirsch einigermaßen zu arrangieren, und das heißt nun

1. den Aufgaben- und Kompetenzbereich neu zu definieren. Möglichst präzise.
2. Lohnforderungen: Deine Freundin Anna-Maria rät Dir abzusahnen. Überprüfe bitte dieses Wort nachts um drei Uhr. Lass es in Deinen Körper sinken und fühle nach, was mit Dir geschieht. Mir ist dabei nicht wohl. Für mich war es immer klar, ich will nicht nur das Fett, das oben auf der Milch schwimmt, ich will das Ganze. Ich persönlich versuche auch in meinem Arbeitsbereich vor allem mit Menschen zu arbeiten, die nicht nur im obe-

ren Sahnebereich profitieren wollen, sondern die sich auf die Realität einlassen, und das heißt ohne Milch keine Sahne. Ohne Fleiß, kein Preis.

So, wie Du Deine Arbeit angehst, Deine Einstellung dazu, bist Du weit davon entfernt, nichts mit dem Fleiß zu tun haben zu wollen. Du überlegst und sinnierst rund um die Uhr, planst neue Projekte. Also, ich denke, die Absahntour ist nicht Dein Ding.

3. Realistische Entlohnung. Das ist ja ganz was anderes als «Absahnen». Die meisten Frauen können sich grundsätzlich nicht gut verkaufen, sie pendeln zwischen maßloser Selbstüberschätzung ihrer außerordentlichen Fähigkeiten und gottjämmerlicher Armseligkeit. Offenbar sitzt auch dieses Programm noch in unseren Zellen, Höhenrausch als Mätresse und Edelnutte, maßlos nach den Sternen greifen oder Gänsemagd, für Brot und Bett das Federvieh hüten. Du erinnerst Dich an Oma? Für die kunstvollen Pullover, an denen sie vier Wochen mit allen Künsten strickte, kassierte sie dann gerade mal Fr. 20,– und bedankte sich unterwürfig.

Das Herumstochern in alten Programmen bringt nichts weiter außer der Bestätigung einer kollektiven Schieflage. Und das heißt: Wenn es Dir schwer fällt, befindest Du Dich in einer grundsätzlich weiblichen Problemzone. Willkommen im Club. Es hat also nichts mit Deiner persönlichen Unfähigkeit zu tun. Aber es ist zwingend, sich immer wieder vor Augen zu halten, dass wir erst seit einigen Jahrzehnten überhaupt die Möglichkeit haben, für unsere Arbeit etwas zu fordern. Wir werden uns also, hirntechnisch gesehen, noch durch einige Waschmaschinendurchgänge durchschleusen, um die tradierten Bescheidenheits- und Unwertsgene auszuwaschen. Ein Blick in Deine eigene Herkunftsgeschichte aber zeigt Dir doch: Wir sind gerade dabei. Wir sind unterwegs. Deine Mädels werden schon einen weiteren Schritt gehen können.

Darum schlage ich vor, hör einfach auf, Dich im Kreis zu drehen, denke nach und halt das Rad an. Umdenken. Hellhörig werden. Mit anderen Frauen darüber sprechen, damit Dir die Zusammenhänge klar werden.

Das ist alles, was ich im Moment zu bieten habe, nicht gerade viel, aber immerhin.

Herzlich,
Mami

19 Money, money, money

Liebe Bankrott-Lady,
wahrhaft, eine magere Auswahl an umsetzbaren Lösungsvorschlägen. Na ja, es tröstet mich ungemein, dass wir einfach eine kollektive Schieflage haben. Die ganze Emanzipation hängt also schief im Gefüge. Und allen geht es gleich. Tausende von Frauen im welligen Wasser, Kampf gegen Schwächeanfälle und geschlucktes Wasser, Emanzipierte und Geschiedene dicht an dicht. Wirklich beruhigend, dieser gemeinsame Überlebenskampf. Die Welle Geld ist dabei zwar individuell eine Herausforderung, gehört aber sicher auch zum kollektiven Schicksal, wie ermutigend!

Düstere Wolken ziehen auf am Horizont des Wellenmeeres! Es ist wieder mal Monatsende. Die Abrechnungen stehen bevor. Und zwar immer mit einem organisatorischen, rechnerischen und emotionalen Höchstaufwand. Emanzipierte Frauen und emanzipierte Männer haben oft getrennte Konten. So auch wir. Aber eine gewisse Abgleichung, ein gemeinsames finanzielles Ziel und vor allem einen gesteckten Rahmen brauchen auch wir. Jeweils am Monatsende.

Dank Eriks Großeinsatz (welcher sich pro Monat über mehrere Tage und auch Nächte hinstreckt, hier die Bearbeitung einiger Rechnungen, dort eine Kalkulation von Budgetposten) konnte er mir per graphischer Kurve schon sehr anschaulich und schön aufzeigen, dass sein 13. Monatslohn gemütlich und unaufhörlich Monat für Monat angeknabbert wird, und bevor das Kontoschiff im Dezember ins Minus absinkt, kommt der nächste 13. Monatslohn hinein und gibt dem Schiff den Gegenschwenk. Auch ohne Computerprogramm weiß ich, dass meinem Konto das gleiche Schicksal widerfährt.

Nun kommt spätestens hier die wohlberechtigte Frage, wie es denn möglich sei, dass zwei Akademiker, emanzipierte obendrein, so einen Affentanz ums Geld machen, und es müsste doch möglich sein, dass wir mit unseren Ausbildungen gemütlich durch unsere Kontowellen schwimmen könnten.

Recht so. Der Einwand ist berechtigt.

Doch bedenke: Wenn Erik 100 % arbeiten würde, dann könnte er Vollgas geben und Karriere machen (im klassischen Sinn: Kaderleiter erklimmen und Kohle verdienen). Mit 80 % ist es für einen Mann, wie wenn er als Einbeiniger ins Hundert-Meter-Rennen der Zweibeiner ginge. Nach dem Startschuss geht es keine drei Sekunden, und die anderen haben ihn um mehrere Schrittlängen überholt, während der Einbeiner weiterhumpelt. Und auch genau in diesem Bild ist die Lohnkurve. Eriks Lohn zuckelt so vor sich hin, während vergleichbare Kumpels von ihm schon ziemlich weit vorne geradeaus stürmen.

Ein weiterer Aspekt des Schnellrennens: Diejenigen mit dem guten Trainer im Hintergrund sind einfach schneller. Der Trainer stellt die richtige Kost zusammen, feilt am Trainingsprogramm, nimmt dem Startläufer ALLES ab: organisatorisch, sozial, administrativ, transporttechnisch ... So ist dieser Läufer einfach fit und top vorbereitet. Im Gegensatz zum Einbeiner, welcher sich am Morgen des Rennens die Brote selber schmiert und dann in die Waschküche runterhumpelt, um den Tumbler zu leeren, damit er für das Rennen ein sauberes T-Shirt hat.

Du begreifst: Erik hat keinen Trainer (eine Frau), die ihm alles richtet und hinlegt, die ihm die Waden massiert und das fettfreie Poulet zubereitet. Sein Trainer ist selbst ein einbeiniger Läufer.

Auch ich bin einbeinig und «behindert». Ich kann im Job nicht Tempo machen, weil auch ich keinen Trainer habe und die Kinder ihren Tribut fordern. Und auch das macht sich lohntechnisch bemerkbar. Zudem wird das Schuldgefühl der Frau, nicht 100%ig alles ins Geschäft buttern zu können, von Vorgesetzten oft strategisch eingesetzt und ausgenutzt: «Okay, obwohl Sie nicht mehr 100 % arbeiten können, erlauben wir Ihnen, Ihre Stelle zu behalten, mit den entsprechenden Lohnkürzungen ...» – und die Frau nickt dankbar.

Schlechte Presse also für unser Rollenmodell: finanziell gesehen, unrentabel.

Ich bin weiblich, und das macht sich monetär bemerkbar. In der Privatwirtschaft verdient eine Frau, die ihren Lohn auf 100 % hochrechnet und dann vergleicht, WEITAUS weniger als ihre männlichen Kollegen, nämlich nach neuesten Untersuchungen im Schnitt 21,6 %. Auch wenn der Clou der Geschichte darin liegt, dass der Arbeitgeber jeweils ein tolles Geschäft macht. Die viel billigere Frau leistet mehr. Und so läuft es:

Da denkt die Frau, sie verdiene ordentlich etwas. Und da kommt so ein Jüngling daher, geschniegelt, im Anzug, mit Gel im Haar, zehn Jahre jünger, schlechtere Ausbildung und verdient von Anfang an so viel wie die Frau nach X Jahren und mit Universitätsabschluss. Eigentor. Im Schuldgefühl gesotten, weil die Frau Kinder hat, weil sie Kinder geboren hat (und dafür zehn Wochen fehlte) und deshalb nun drei Tage die Woche voll motiviert und mit 180km/h daherkommt, ist es doch ganz klar, dass sie in diesen Tagen zwar die Leistung von vier Tagen bringt und den Lohn von drei Tagen kassiert. Und weil der Mann eben fünf Tage kommt (und dabei massenhaft Zeit hat, seine privaten E-Mails und Telefonate zu erledigen), ist er eben der Superstar. Es ist zum Kotzen. Und eine bodenlose Frechheit. Es steht in den Zeitungen, kommt im TV oder auf Internet, abstruse und vernichtende Lohnunterschiede zwischen Mann und Frau wie z. B. die von Tobias Bauers Dissertation. Gleichaltrige Singlemänner und -frauen mit gleicher Ausbildung werden verglichen, da verdient die Frau 13 Prozent weniger. Sobald auf dem Standesamt unterschrieben wird, sinkt die Frau auf minus 33 Prozent, und der Mann steigt auf plus acht Prozent (er hat ja jetzt den Supertrainer im Hintergrund). Vergleicht man die Löhne von Mann und Frau mit zwei Kindern, dann verdient die Mutter 46 Prozent weniger als der zweifache Vater. Kannst du mir verraten, warum wir Frauen nicht auf die Barrikaden gehen? Sag deinen Frauen im Seminar, dass sie bei jedem Vorstellungsgespräch zu ihrer Schuldgefühl- und «Ich bin eben nur eine Frau»-Summe gleich mal noch 800–1000 Euro draufdoppeln sollen. Falls sie im oberen Kader sind, dann sollen sie bitte 28 % mehr verlangen als vorher, das ist nämlich die durchschnittliche Lohneinbuße für eine Frau mit höherer Bildung und viel Verantwortung. Und wenn du jetzt meinst, ich sei gerade zur besten Freundin von Alice Schwarzer avancierst und erfinde im Emanzentaumel irgendwelche wirren Zahlen, dann schau doch selbst mal auf die Webseite beim Bundesamt für Statistik, da steht es schwarz auf weiß – und immer noch kein Akademikerinnenstreik in Sicht. Also bei Lohngesprächen auf den Tisch klopfen!

Ich habe mich stets geweigert, die Löhne meiner gleichgestellten Kollegen und Kolleginnen zu erfahren. Mit Recht. So eine Vergleicherei macht nur unglücklich, eifersüchtig und neidisch. Wie damals vor vielen Jahren, als ich es doch erfuhr: ... ich wurde eifersüchtig und neidisch und hatte eine Höllenwut auf Männer!

Viele Frauen sind wie ich einfach doof, blind und schlecht vorbereitet. Wir benehmen uns wie die drei buddhistischen Affen: Wir machen lieber die Augen zu und halten uns bei Vergleichen die Ohren zu, und zu guter Letzt bleiben wir stumm, wenn es ums Feilschen geht. Wir sollten uns vor einem Anstellungsgespräch informieren, was Männer in dieser Position verdienen. Dass wir Mütter-Frauen einfach tolle Arbeitskräfte sind, da wir meist in viel komplexeren Situationen zu Rande kommen müssen, wird in der Arbeitswelt einfach übersehen. Unsere Attribute: sich in kürzester Zeit optimal organisieren, überhaupt Organisationstalent pur, viel härter im Nehmen, stressresistenter, fokussierter. Wir sollten für unsere Qualifikationen, Kompetenzen und unsere Power etwas verlangen, anstatt uns mit den Brotkrumen vom Abendbrot zufrieden zu geben.

Zurück zum Rennen. Erik Einbein und Maya Einbein auf der Rennstrecke. Wenn du vergleichst mit Christian Zweibein und Trainerin Silvia, dann, so Leid es mir tut, gewinnt am Ende das andere Paar. Finanziell.

Doch diesen Tribut an die Emanzipation zahlen wir beide gerne, zwar monatlich mit etwas Düsternis, aber selbst darin oft mit viel Galgenhumor. Und dass du mich auch recht verstehst, wir haben keine finanziellen Sorgen (schließlich sparen wir immer noch jeden Monat was zusammen, und wenn der 13. Monatslohn das sinkende Schiff nicht mehr rettet, dann macht dies sicher unsere Vorratskammer).

Wir sind uns einig, trotz getrennter Konten: Das Leben muss Spaß machen. Und wo ich spare (zuerst einmal alle Kinderspiele ausprobieren, bevor ein neues dazukommt), gibt er aus (das ist NEU, das muss man haben), und wo er sparen will (wir können doch zu Hause etwas trinken), bin ich unerbittlich (jetzt sind wir schon in der Stadt, jetzt möchte ich einen Kaffee mit Kuchen).

Obwohl es doch ans Eingemachte gehen müsste, ich pfeife drauf. Es macht viel zu viel Freude, an einem neuen Didaktikmodell herumzufeilen einerseits – und all die gut durchbluteten Hirnzellen schlagen Purzelbäume – und andererseits eine ernste Diskussion mit Lucie zu führen, die ein Tuch über den Kopf gelegt hat und ein Stoffschaf im Arm hält und behauptet, sie sei Maria, und nun mit mir die schwierige Rollenbesetzung für Joseph, die Hirten und den Esel durchgeht.

Liebes Mütterchen, dass du diesen Text auch ja richtig verstehst und die Versuchungsidee, nach dem Portemonnaie zu greifen, um einen kleinen finanziellen Zustupf unter dem Tisch zu reichen, gleich wegsteckst: Ich will nicht klagen und jammern, ich will dir nur die finanzielle Seite unseres Emanzipationsrollenmodells aufzeigen, welches zu keinem großen Reichtum führt, aber sehr wohl auch seine Reize hat.

Sei nun gegrüßt von der Bankrott-Tochter

20 Money, honey, boney

Ach, Maus,
ich staune über Deine weit gefächerte Geldproblempalette, Deinen minutiösen Willensakt, alles bis auf den letzten Rappen auf die Reihe zu kriegen, ja, ich staune, bei all Deinen anderen Problemen hatte ich keine Mühe mitzuhalten, da alle zu gut bekannt und von hinten und vorne durchgeforstet. Aber hier? Ich muss passen.

Allerdings kann ich Deinen Ärger über die ungleiche Bezahlung für gleiche Arbeit sehr gut nachvollziehen. Ja, es ist so. Und es wird noch eine gehörige Portion Anstrengung und unerbittliches Durchhaltevermögen benötigen, bis dieses Ungleichgewicht ausgebügelt ist. Aber, wirst Du Dich wohl fragen, was machen wir denn mit unserer Wut, unserem Neid, bis es endlich soweit ist?

Mein liebes «Kind» – klingt gut und beschwichtigend, was? –, es gibt Dinge, die können wir ändern, weil sie in unserem Einflussbereich liegen, und solche, die liegen außerhalb. Kümmern wir uns also um das, was wir direkt beeinflussen und ändern können, und beißen uns nicht dort die Zähne aus, wo wir auf Granit stoßen! Nein, das hat nichts mit Resignation zu tun, sondern einerseits ganz einfach mit einer realistischen Einschätzung der Situation und andererseits mit einer ökonomischen Haushaltsführung der eigenen Energien.

Zudem steckt grundsätzlich in der Frage nach der Entlohnung einer Arbeit eine Falle, in die viele hinein tappen. Da ist einmal die zu leistende Arbeit, für die wir bezahlt werden – Männer erhalten mehr als Frauen. Wenn wir den Gegenwert für die Arbeit ausschließlich monetär betrachten, dann sind wir die Verliererinnen. Gehen wir aber davon aus, dass jedes Arbeitsfeld darüber hinaus eine Erweiterung der Fähigkeiten und die damit verbundene Lust und Freude beinhaltet, dann sieht die Sache anders aus. Und wenn ich mir Männer und Frauen so ansehe, muss ich einfach sagen, viele Frauen sind grundsätzlich besser drauf. Sie haben ihr Arbeitslernfeld derart Gewinn bringend bewirtschaftet, dass es ein wahres Vergnügen ist. Das Kapital liegt letztlich nicht auf dem Konto, sondern im Herz und in einem heiter funktionierenden Hirn. Ich richte mich in all meinen Tätigkeiten nach diesen Kriterien aus – auch wenn ich gelegentlich etwas verächtliches Achselzucken ernte.

Nein, es ist nicht so, wie Du vielleicht geneigt bist zu denken, ich hätte keine Geldprobleme. Gut, mit dem Älterwerden ändern sich die Bedürfnisse, und damit treten diese Probleme auch in den Hintergrund, aber ich kann Dir nur sagen, ich erlebte Phasen in größter Geldnot, schon als Kind, nicht einfach so ein bisschen, sondern existentiell. Später, nun, Du kannst Dir denken, dass es mit Deinem Vater diesbezüglich kein Honiglecken war. Nicht, weil wir nicht genug besaßen, sondern weil es für ihn wichtig war, so zu tun, als ob wir über keine Mittel verfügten. Aber jetzt kommt der Hammer: Es hat mich trotzdem nie sonderlich interessiert. Nicht als Kind und später auch nicht. Ich kann es nicht genau beschreiben, aber ich fühlte mich eigentlich immer reich und begütert. Neben meinen wohl behüteten und wirtschaftlich schweizerisch im saftgrünen Wohlstand eingebetteten Freundinnen besaß ich etwas, was ich stets als spezielle Schicksalsbegünstigung erlebte: Die Türe zur Welt stand mir offen. Du wirst Dich fragen, was denn das wohl gewesen sei. Mein Blick hörte nicht an der Landesgrenze auf, sondern fing dort an, wo bei meinen Schulkameradinnen die Welt zu Ende war, schweifte weit hinein nach Deutschland, zu meinen Verwandten väterlicherseits, mein Ohr verstand nicht nur Schweizerdeutsch, sondern ich sprach bereits als Kind ein astreines Hochdeutsch – im Vergleich zu anderen eine besondere Auszeichnung, deren Zunge sich mühsam durch Gletscherspalten und das Gotthardmassiv durchzupflügen hatte. Zudem hatte ich einen direkten Kontakt zum Konstanzer Theater. Das alles machte mich reich.

Darüber hinaus war in unserm Haus ein reges Kommen und Gehen, Freunde, Freunde von Freunden, nach dem Krieg ausgehungert und abgebrannt, und sie alle brachten das nackte Leben voller unvorstellbarer Geschichten, Affären und Abenteuer.

Das gab mir das Gefühl von Fülle und hat mich wohl für die Zukunft geprägt. Mich hat das Leben samt den unsäglichen und freudigen Geschichten immer mehr interessiert als der Kontostand.

Vielleicht hat diese Haltung auch mit einem Schuss Leichtsinn zu tun, und Du ärgerst Dich insgeheim über eine solche Mutter. Vielleicht aber kupferst Du mir diese Leichtigkeit und Zuversicht ab und hörst einfach auf, jeden gottverdammten Schnürsenkel in eine lächerliche Tabelle einzutragen, die sich darüber freut, derart viel Beachtung von Dir zu erhalten.

Täusche ich mich eventuell, wenn ich davon ausgehe, dass Du Dich von Erik diesbezüglich zu sehr beeinflussen lässt? Wie wär's mit etwas mehr Grundvertrauen? Du bist ein Kind Gottes! Und damit immer in seiner großen Hand aufgehoben, ob mit oder ohne Rechenschieber.

Umarmung,

Mami

21 Zwei Schweigeminuten

Liebe Mami,
keine Zeit, um dir auf Urvertrauen ohne Taschenrechner zu antworten, denn: Ich bitte um zwei Schweigeminuten. Eine für mich. Eine für Sabrina.

Heute wurde ich umgebracht. Innerlich. Mit einem Satz. Ich würde sagen: Tod durch Ersticken. Da reiße ich mir seit Jahren den Arsch auf für diese Firma, habe noch gestern Abend bis 22 Uhr den Bürokram durchgesehen, der liegen geblieben ist, und da sagt mir der Chef heute ganz cool: «Da du ja den Kopf nicht mehr so bei der Sache hast, wird das nächste Jahr pro Rata abgerechnet.» Was so viel heißt wie: «Da ich das Gefühl habe, dein neuer Job interessiert dich mehr als der jetzige, und du nicht mehr Vollgas gibst, werden wir jede Großzügigkeit dir gegenüber streichen und peinlich genau abrechnen.» Und ich Idiot will es allen recht machen, kündige (viel zu früh) meinen Weggang an – und das ist der Dank. Natürlich ist das eine Angelegenheit des Fremd- und Eigenbildes. Der Mann hat das Gefühl, weil mir letzte Woche ein strategischer Kratzer unterlaufen ist, ich hätte nicht mehr genug Hirnzellen für seine Sache. Verständlich. Vielleicht ist er nach meiner Kündigung gekränkt. Beleidigt wie ein betrogener Ehemann. Sieht mich schon im Bett des Liebhabers neckische Spiele treiben. Dabei wasche ich seit Tagen die Wäsche des Ehebettes, an zukünftige Spielereien keine Sekunde verschwendend, wohlbesorgt um einen guten Abschluss, schüttle ich wie Frau Holle die Decken aus.

Nun überlege ich, ob ich den Sargdeckel schließe (was so viel heißt wie: Ich gebe ihm Recht und mache wirklich eine Notbremse im Tempo, stoppe Waschmaschine und werde zur Pechmarie) oder ob ich die Bilderwelt korrigiere und ein offenes Gespräch über unsere unterschiedlichen Visionen der Geschehnisse suche.

Die andere Schweigeminute ist für Sabrina. Sie hat heute am 8.8. um 8.08 Uhr ihr Kind bekommen. Und dass sie ihr Kind heute bekam, und zwar per Kaiserschnitt, ist das Einzige, was die gute Frau mitbestimmen konnte. Aha, denkst du, so eine Konventionelle.

Ach, diese Enttäuschung. Sie war einmal eine Mordsemanze. Machte sich einen Namen als Forscherin. War Tag und Nacht im Labor. Vergaß sogar den Geburtstag ihres Patenkindes, weil die letzte wichtige Analyse ihrer Forschungsarbeit just an jenem Tag in die Hose ging und nochmals angesetzt werden musste. Ihr Mann war genauso fanatisch. Zwei Workaholiks. Die Jahre gingen ins Land, die Forschungsergebnisse häuften sich. Immer wieder publizierte sie in den namhaften Blättern. Doch dann entschied ER sich, dass es doch nett wäre, sie hätten ein Kind. So einsam ins Alter sei doch unschön. Gut, sagte sie, wir probieren es, aber merke dir, geheiratet wird nicht.

Es klappte.

Und dann ging es los: Unter Tränen ging sie zu allen Vorsorgeuntersuchungen, die ER wollte. Denn ER hätte abgetrieben, wenn das Kind behindert wäre. ER freute sich sehr, als es hieß, es sei eine Junge, denn dann war klar (für IHN), dass es so heißen würde wie ER. Die Einwände ihrerseits, es könnte Verwechslungen geben beim Rufen des Namens und beim Öffnen der Post, blieben erfolglos. Sofort ließ er sich die Autoprospekte ins Haus liefern. Denn der Nachwuchs soll gebührend Platz haben: in (ihrem) Leben, in (seinem) Auto. ER wählte großzügig. Ein Jeep soll es sein, damit das Baby gleich von Anfang an alles aus der Vogelperspektive mitbekommen und sich an sein Elitedasein gewöhnen könne. Ihre Einwände, dass dieses Auto in der Stadt wegen enger Parkplätze und dauernden Parkschäden ein Blödsinn sei, dass ein Autoreifen so viel koste wie die Jahresversicherung eines Durchschnittsautos, dass das Auto Benzin saufe wie eine durstige Kuh, und überhaupt, dass sie nicht bereit sei, ihr sauer Erspartes in ein solches Snobauto zu investieren, blieben folgenlos. Drei Tage vor der Geburt gab es die Spritztour. Eine teure, denn sie musste die Hälfte dieser Neuanschaffung bezahlen. Schließlich seien sie emanzipiert, und fifty-fifty sei wichtig, meinte ER.

Angebote von Freundinnen (auch von mir), Babyutensilien wie Autositze, Kinderwagen, Kuscheldecken etc. kostenlos abzugeben, lehnte ER ab. Sein Kind bekomme nur das Beste (sprich das Neueste). Und natürlich bezahlte sie die Hälfte – wie sich das für emanzipierte Frauen gehört.

Ach ja, und geheiratet wurde doch. ER ertrug den Gedanken nicht, dass sein Sohn nicht seinen Nachnamen tragen würde. Und so schleppte sie sich mit Riesenbauch noch schnell zum Standesamt, um dann hauptsächlich mit SEINER Familie zu feiern. (Ich war auch nicht eingeladen.)

Deshalb die Schweigeminute. Für Sabrina, die einmal emanzipatorische Züge hatte. Und die am Mann zerbrach, der eben ein Jagdhund ist. Ein weiterer Beweis für mein Modell. Ich wiederhole: Entweder du suchst das vierblättrige Kleeblatt, oder du spülst die Emanzipation das Klo runter.

Emanzipierte Frauen können ihre Emanzipation nur aufrechterhalten, wenn der Mann etwas von Emanzipation hält und sie unterstützt. Patriarchale Männer und emanzipierte Frauen sind unvereinbar. Wenn man es von Anfang an weiß, ist ja alles gut. Aber wenn sich die Männer beim ersten Babyschrei als Patriarchen entpuppen, dann Prost. Dann geht es den Frauen wie Angela.

Eine wahre Schönheit und blitzgescheit, diese Angela. Wir kannten uns vom Studium. Eine brillante Sprache hatte die Frau. Kein Wunder, dass sie nach dem Studium innerhalb kürzester Zeit Chefredakteurin wurde. Sie hatte meist mehrere Liebschaften gleichzeitig, doch irgendwann verliebte sie sich in einen nicht unbedingt erfolgreichen Kolumnisten. Das ewige Jonglieren zwischen den vielen Männern wurde zu anstrengend, und sie leitete eine monogame Phase ein. Zu meinem Leidwesen. Ich hatte damals noch keine Kinder, doch sie konnte mich immer seltener treffen, weil sie ihren gesamten Terminkalender um diesen Typen rankte. Sie nannte ihn nicht beim Namen, sondern nur «il capo». Und so war es denn auch. Ich will dir die leidvolle Entwicklung ersparen. Sie sitzt nun mit zwei kleinen allerliebsten Mädchen zu Hause, redigiert ab und zu einen Text, sozusagen um ihr kärgliches Taschengeld aufzupolieren, während «il capo» weiterhin ihren Terminkalender dominiert und inzwischen zum stellvertretenden Nachrichtenredakteur avanciert ist.

Wenn sich die Frauen also einen heimlichen Boss, Chef und Master angeln, dann können sie entweder ihre Emanzipation oder den Mann an den Nagel hängen. Meist ist es die Emanzipation, die frau auf der Bank liegen lässt wie einen unnützen Plastikbeutel. Ich kenne nur eine Frau, die schließlich den Mann liegen ließ. Sie: lieb, nett, hilfsbereit, unscheinbar. Er: ein bildhübscher Macho aus Tunesien, aufbrausend, idealistisch, kaum der deutschen Sprache mächtig und darum Hilfsarbeiter mit kärglichem Lohn. Die beiden lebten von ihrem Salär als Filialleiterin. Seinen Lohn «brauchte» er für sein Wohlbefinden wie Gucci-Jeans, Zigaretten und die Trinkrunde mit Freunden jeden zweiten Abend. Dann wurde sie schwanger und gebar ein süßes Bübchen. Bald danach stand sie wieder im Vollpensum da, schlank und rank, aber etwas gebeugter, das Lachen war seltener geworden. Dann entschied er sich auszuwandern. Zurück in seine Heimat. Mit ihrem Geld, Ersparten und kürzlich Geerbten und der Auflösung ihrer Altersvorsorge kann man schließlich in Tunesien ein nettes Haus kaufen und einfach leben. Wir feierten gebührend ihren Abschied, aber mit klammen Herzen. Wie froh war ich, als sie mich nach vier Monaten anrief, sie und ihr Sohn seien wieder in der Schweiz, die Scheidung eingereicht. Tunesien und dieser Mann seien nichts für sie. Ob sie ihre Stelle wiederhaben könne? Und ob!

Sprich, die Frau hat die Wahl:

Entweder bin ich emanzipiert und gehe über die Beziehungsleiche. Oder ich bin emanzipiert und habe einen

Mann, der mitmacht. Oder ich war mal emanzipiert und habe einen Macho.

Ehrlich, ich weiß nicht, wie stark ich wäre, wenn mich Erik nicht in all meinem Tun unterstützen würde. Was mich darauf bringt, dass ich diesen Punkt einmal ausleuchten müsste.

Sehr delikat.

Ich glaube, dass schaff ich schon. Aber erst im nächsten Leben. Heute bin ich ja gestorben.

Also sei gegrüßt und vergiss nicht, die Kerzen auszublasen – nach den Schweigeminuten ...

Maya im gelbstichig weißen Nachthemd, weite Ärmel mit etwas heruntergekommenen Rüschen versetzt

22 Schattengeflüster

Ma chère petite puce,
aus zwei Schweigeminuten ist gleich eine ganze Stunde geworden. Eine geschlagene Stunde Reflexion über unsere latente Bereitschaft, alles, was wir erworben haben, unsere Selbstbestimmung, unsere Möglichkeit, beruflich unser Wissen und Können umzusetzen, im freien Flug durch die Lüfte zu düsen, in einem Anflug von geistiger Umnachtung an den Nagel zu hängen. Das sitzt tief, dieser verdammte Wunsch nach väterlicher Rundumversorgung, nach Dasein in der Sänfte, von ihm getragen und gegen sämtliche Unbill des Lebens abgesichert zu sein. Und um ehrlich zu sein, ich weiß nicht, wie ich reagiert hätte, wenn da nach meiner Scheidung einer gekommen wäre und mir ins Ohr geträllert hätte: «Reich mir die Hand mein Leben, komm auf mein Schloss zu mir ...» Er kam nicht. Gott sei dank. Und ich danke nachträglich für die Chance, gezwungen zu werden, mein Leben selbst in die Hand zu nehmen, mir selbst mein Schloss zu erbauen. Aber, und das will ich damit ausdrücken, ich verstehe jede, die der Prinzessinnensehnsucht auf den Leim geht.

Ja, ich weiß, selbst blitzgescheite Frauen müssen damit rechnen, dass dieser Bazillus in sie hineinschleicht, wenn da denn einer kommt und ihr das Blaue vom Himmel herunterschwafelt.

Nun könnten wir ja resümieren – so wie es durch die Jahrhunderte geisterte –, Frauen seien einfach blöd. Selbst Frauen schließen sich gerne diesem Urteil an. Ein fataler Irrtum! Wir sind schließlich in einem patriarchalen Ordnungssystem eingebettet, das dafür sorgt, dass auch die mäßig begabten Männer ungestört ihrer Selbstüberschätzung frönen können. Jede Frau, die sich aus der täglichen Hirnwäsche befreit, ist eine Gefahr für die aufgeplusterte männliche Identität. Und weil eben viele Frauen sich einen Partner wünschen und diejenigen rar sind, die ihr Selbstwertgefühl nicht aus der konstruierten Machtposition der Frau gegenüber beziehen, greifen viele auf Notvorräte zurück. Wir staffieren den Macho mit freundlichen Eigenschaften aus, dichten ihm menschlich humanes Verhalten an, schenken ihm die Fähigkeit, Gleichberechtigung als Voraussetzung für das Gelingen einer Partnerschaft zu erkennen. Wir übersehen großzügig den verkniffenen Zug um die Mundwinkel, wir ignorieren entwertende Handbewegungen, wir verdrängen erfolgreich Sätze wie: «Frauen sind nun mal eher für Familie und Kindererziehung geschaffen.» Und wenn wir ganz bescheuert sind, halten wir diese Inszenierung ein paar Jährchen durch und geben uns selbst die Schuld, wenn es eines Tages eskaliert. Das alles hat nichts mit Dummheit zu tun, sondern mit einer hohen Fähigkeit, sich an jede noch so schwierige Situation anzupassen. Schließlich ist Anpassung grundsätzlich eine Eigenschaft, die wir zum Überleben benötigen. Doch wir neigen dazu, uns auch an unzumutbare Zustände anzupassen, vergessen uns selbst und kommen uns abhanden.

Dann können wir einfach von Glück reden, wenn eines Tages die gesamte Verschleierungstaktik in die Luft fliegt.

Die Kerzen habe ich ausgeblasen.

Mami

23 Von Amazonen und Burgfräuleins

Liebe Betschwester,
danke für die Kerzennummer. Du kannst gleich noch eine Kerze anzünden und sie an mein Krankenlager stellen. Nicht, dass ich abdanke, dafür braucht es bekannterweise mehr als eine lumpige Erkältung. Aber für den Schlammassel, der aus der Konstellation «kranke emanzipierte Frau» entsteht.

Du weißt, wir sind in unserem Mikrokosmos durch und durch organisiert. Erik und ich haben einen Wochenplan ausgearbeitet, und jede 15-Minuten-Tranche von Montag bis Freitag ist definiert. Holen und Bringen der Kinder sind aufgeteilt, Kochen, Einkaufen, Aufräumen und Waschen sind festgelegt, die Aktivitäten der Abende sind bestimmt, alles wunderbar. Es geht genauestens auf, Millimeterarbeit. Das Chaos beginnt am Wochenende, wo wir jedes Mal von neuem aushandeln müssen, wie viel Zeit jeder für sich allein bekommt und was wir «en famille» machen.

Doch da, ein erster Husten. Wird ignoriert. Eine Hustennacht. Sirup gekippt. Denn ich darf nicht krank sein. Stell dir vor! Unser Wochenplan wäre zur Sau. Mein Arbeitspensum, welches an jedem der drei Tage sowieso gigantische Größen annimmt, müsste neu auf andere Tage verteilt werden. Welch Graus. Darum: durchhalten, Tabletten schlucken, weitermachen.

Ich bin eine Amazone, die im gehetzten Galopp durch die Wälder rast, bewaffnet mit Speer und Schild. Ich jage Wild, ernähre meine Sippe, kämpfe gegen Feinde und bin stark und mächtig. Kratzer kümmern mich nicht. Doch irgendwann, in einer Reitpause, wenn ich die Zügel des Hengstes lockere, merke ich die klaffende Wunde am Oberschenkel. Sie ist entzündet, sie wurde nie richtig gepflegt. Ich steige ab, hinke zum Feuer.

Wenn dies ein Film wäre, käme nun Achill daher, in glänzender Rüstung, selbst ein starker Reiter, schön von Angesicht, groß im Herz. Er würde der verletzten Amazone einen heilenden Umschlag machen, ihr mit selbstgesuchten Kräutern den allgenesenden Tee reichen, ihr mit seinem eigenen Umhang den Kopf weich fürs Lager polstern. Er würde an ihrer statt jagen und die Familie versorgen, bis sie wieder voll genesen wäre.

Nicht so in meinem Leben. Ich falle vom Ross und schleppe mich zur Heilerin. Die Kräuter nehme ich mit, um mir des Abends den Tee selbst zu machen. Mein Achill rümpft über die Wunde die Nase. Höchst unpassend. Auch er kümmert sich um den Clan, nicht um mich. Und er will dafür Lob und Dank. Ich braue mir unterdessen die Tees und mache die Wickel, immer mit einem Blick auf den Nachwuchs: Er braucht mich. Kaum ist die erste Kruste über der Wunde sichtbar und die Entzündung abgeklungen, stehe ich auf, packe Rüstung und Speer und jage wieder los. Die Wunde heilt, und auch im Herz hinterlässt sie eine Narbe.

Ach, wäre ich doch so ein Weibchen, ein Burgfräulein mit wehendem Schleier, die sehnsüchtig dem Treiben der schönen Ritter auf dem Hofe zusieht. Ein Übelkeitsanflug übermannt sie angesichts des rohen Kampfes. Ihr Herzallerliebster eilt herbei, trägt sie auf ihr Samtlager, holt den Medikus, wacht über sie, tupft unermüdlich ihre Stirn, bis sie ihre strahlend blauen Augen wieder aufschlägt und ihn dankbar anlächelt.

So ein Sinkenlassen hat etwas mit Vertrauen zu tun. Vertrauen in die andern, ein Urvertrauen: Jemand wird mich schon auffangen, wird mich schon pflegen. Das Burgfräulein weiß, dass der hilfsbereite Ritter dahereilt. Eigentlich könnte ja auch die Amazone auf Achilles bauen. Warum ich nicht? Weil ich nicht sinken darf? Weil ich noch während des Sturzes meine Abwesenheit organisiere. Ich während der Pflege an meiner Wunde noch mit kritischem Auge das Gebaren der Sippe überwache, die Makel der Interimslösung anprangere als perfektionistisches, ungenießbares Muttertier. Ein zwanghafter Kontrollfreak? Eine Managerin aus Fleisch und Blut? Eine stolze Amazone?

Weiß der Teufel.

Auf alle Fälle hängt im Nu der Haussegen schief.

Damit das Gesundwerden so richtig ungemütlich wird.

Wie machen das die Vollzeitmütter? Haben die einen Achilles oder Ritter oder einfach Großmütter oder Nachbarn, oder buchen sie über die Krankenkasse Pflegehilfe? Ich kann wenigstens noch an drei Tagen der Woche wirklich krank sein. Es pflegt mich niemand. Aber es braucht mich auch niemand. Klar, im Geschäft bleibt alles liegen und wird auf mich einstürzen beim nächsten Betreten des Büros.

Oder liegt hier endlich auch einmal ein Vorteil in meinem Modell verborgen? Wenigstens Teilzeit darf ich krank sein. Mit schlechtem Gewissen natürlich. Und mit schiefem Haussegen.

Oder habe ich den schiefen Haussegen, der fast so schlimm ist wie die Krankheit selber, wegen der Emanzipation? Wegen der Amazone?

Bin gespannt auf deine Antwort. Braue mir noch ein Teelein und gehe ins Bett. Morgen erwartet mich der hochgetürmte Arbeitsberg.

Kiss, Maya

PS: Ich mache schon seit Stunden kein Auge zu, habe offenbar zu viel während meiner zwei Tage totaler Krankheitsauszeit geschlafen. Und in der Nacht hat sich auf leisen Sohlen zum Amazonen-Burgfräulein-Thema noch ein Gedanke eingeschlichen.

Der Hund liegt ja nicht bei Achilles begraben, die arme Sau. Die Amazone reitet jahraus, jahrein unabhängig von ihm durch die Wälder, jagt ihr Wild mit triumphierendem Lächeln und ist die Selbstständigkeit pur. Dann wird sie krank und regrediert innerhalb Stunden von der emanzipierten Frau zum hilfebedürftigen Huschelchen. Dann soll Achill dahereilen und alte griechische Rollenmuster übernehmen. Das kann kein Achill der Welt so rasch nachvollziehen – weder gedanklich noch handlungstechnisch.

Bei der Amazone klemmt es. Die macht nämlich einen entscheidenden Fehler. Sie ist verantwortlich für sich selbst und 'ne blöde Kuh, wenn sie die klaffende Wunde nicht frühzeitig bemerkt. Genauso wie die Jagd und die Pflege der Sippe ist es ihre Aufgabe, ihre physische und psychische Unversehrtheit, ihr Gleichgewicht zu bewahren und zu beschützen. Denn sie ist ein entscheidendes Scharnier im Sippschaftsgefüge. Klemmt es bei ihr, verknorksen sich die ganzen Abläufe und das Wohlbefinden der anderen. Somit ist die Amazone aufgefordert, am Abend ein herrlich erquickendes Teelein zu schlürfen, sich den Körper mit wohltuend duftenden Cremen zu salben oder noch besser – sich von Achilles eine kleine Massage verpassen zu lassen. Sich entspannt beim prasselnden Lagerfeuer den Tag erzählen zu lassen oder sonst all das tun, was ihr gut tut. Sie ist für die eigene Psychohygiene verantwortlich und nicht Achilles. Und all die vielen Achills, die sonst die energiegeladenen Amazonen (tönt irgendwie ähnlich wie Emanzen) an ihrer Seite haben, verstehen die Welt nicht mehr, wenn diese auf einmal zu wimmernden Burgfräuleins werden und der anklagende Opferblick aus den stahlblauen Augen ins Leere sehnsüchtet. Welch Frust für die burgfräuleinsche Amazone, welch Unverständnis für den «Ich habe ’ne starke Frau an meiner Seite»-Achill. Dies zum schiefen Haussegen.

Plane sofort meine Genesung auf der psychischen Seite. Schritt 1: Morgen nach der Arbeit neun Minuten Meeresbrise und Sonnenwärme im Solarium, am Abend Chai-Tee mit Honig und normale Amazonenblicke zu Achill (inklusive Massage). Schritt 2: Vorsichtig Sport und ein Schokoladenkuchen als Belohnung. Schritt 3: Für die nächste Woche einen tollen Ausgang mit Kino und einem guten Essen inklusive Tiefseetauchen im Freundinnenozean planen.

Also, ich versuche es noch einmal mit dem Schlafen. Nach der Skizzierung dieses Wohlfühl- und Wiedergenesungsprogramms wohl mit einem Lächeln auf dem Gesicht.

Schlaf wohl,

Maya

24 Bestell deinen Garten

Liebe Maya,

auch in diesem Thema kenne ich mich wie in meiner eigenen Westentasche aus. Auch die Sehnsüchte nach Rittern und Vasallen. Jahrelang darum herumgekurvt, Nachtstunden durchgeweint und erbittert mäandernd nach Lösungen gesucht. Was zum Teufel mache ich wohl falsch? Was machen die Burgtussen denn so viel geschickter, dass sie immer wieder einen Beschützer finden, der sie über die Unbill des Alltags trägt, während ich wie Mutter Courage einen schwer beladenen Wagen über steinige Wege hinter mir her schleppe? Ich lese Deine Zeilen. Ich lese zwischen den Zeilen. Und die eigene Geschichte wird wieder lebendig, mit all diesem Gemischtwarenladen von Gefühlen. Muttergefühle. Rund um die Uhr und ohne Unterlass eingespannt sein, da sein und keine Nische finden für einen winzigen Atemzug nur für sich allein. Galeerendasein, rudern, rudern über den Ozean, der nie ein Ende nimmt, endlose Wellen, die einem entgegenschaukeln, täuschend lieblich. Und dazwischen der verdammte Mond. Romantisch und verführerisch. Auch ich, damals, mindestens alle drei Monate eine ordentliche Grippe, eine Erkältung, den Ausweg immer öfter in verschleimten Stirnhöhlen gefunden, ein qualvoller Gedanke genügte, und schwupps, konnte ich sogar mit Fieberwerten belegen, dass alles nicht nur Einbildung und Ausrede ist, sondern Beweis dafür, dass alles einfach zu viel ist und mich überfordert. Dann daliegen, ein oder zwei Tage, pflichtfrei, die Kinder bei Ömi untergebracht. Und eigentlich hätte ich zufrieden sein können. Aber ich versank in Traurigkeit. Dann da war niemand, der mir den Tee braute oder ein Knäckebrot ans Bett brachte. Und weil ich über Jahre Fürsorge mit Liebe gleichstellte, fühlte ich mich nicht geliebt. Ja, das war die härteste Lektion, und ich war jahrelang davon überzeugt, dass ich auch noch meine eigene Beerdigung organisieren müsste, weil man sonst einfach vergessen würde, mich zu begraben.

Hinzu kommt noch, dass ich noch nie in einer Beziehung von fürsorglichen Elementen eingebettet war – außer bei meiner Mutter. Sie kochte den Grießbrei, brühte den Lindenblütentee, machte mir Wickel, umsorgte mich. Aber von männlicher Seite kenne ich das nicht. Lediglich in der Freundschaft mit Bruno, kurzzeitig. Bruno war leider schwul. Aber rundum ein Schatz. Er braute das Kräuterwässerlein, setzte sich ans Bett, las mir vor, wechselte die verschwitzten Leintücher. Zu allem Elend sah er auch noch blendend aus. Mein großer Kummer. Er wäre mein Prinz gewesen. Sonst aber, bei all den anderen, bis zum heutigen Tag, ohne jegliche pflegerische Begabungen.

Aber ich dachte, ich hätte dieses Thema vom Tisch. Endgültig und für immer. Irgendwann fiel mir nämlich ein Gedanke ins Hirn, der mich zu retten vermochte. Seither habe ich Ruhe.

Aber ich hatte nicht damit gerechnet, dass es nicht genügt, für sich selbst eine Lösung gefunden zu haben, offenbar hat sich diese Problematik an Deine Fersen geheftet, vererbt von der Mutter auf die Tochter, und blüht noch mal so richtig auf. Du hast es wohl von mir gelernt, nachgeahmt, kopiert wie vieles andere auch. Wenn ich Dich lachen höre, den kullernden Freudenausdruck mit kurzem Fischhappenluft durch kleine Pausen unterbrochen, denke ich, Du lachst wie ich. Wenn ich Dich mit Deinen Kindern sprechen höre, sind mir die Worte und der Klang sehr bekannt, und manchmal steigt eine alte Erinnerung auf. Als ich Dich kürzlich vor Publikum reden hörte, wurde mir ganz heiß vor Glück. Zu sehen, dass der typische weibliche Bazillus der Redeangst spurlos an Dir vorbeigezogen ist und Du selbstsicher Deine Gedanken ausführtest, darüber hinaus lustvoll, mit Sprache spielend, klar und auch noch witzig dabei. Dann denke ich voller Stolz – ohne mir äußerlich etwas anmerken zu lassen, versteht sich –, das ist eben meine Tochter. Ich bekomme also nicht diesen elend feuchtstolzen Mutterblick, wenn Mütter von ihren Söhnen sprechen und ich mich für ihre Albernheit schäme. Nein, ich nehme es gelassen, denke, logisch, es kann ja nicht anders sein. Ich bleibe äußerlich genauso ruhig wie damals, als mich innerlich das blanke Entsetzen packte. Als Dein Großvater Dich anlässlich eines tollen für ihn verfassten Briefes vor der Familie lobte und stolz verkündete: Das Kind hat wohl die Schreibbegabung vom Opa. In vielen Familien ist es ja so. Kompetenzen und Begabungen werden väterlicherseits vererbt, und der Rest modert mütterlicherseits an die Nachkommen weiter. Ich sehe vieles an Dir und Deinem Verhalten, was mich an mich erinnert. Aber ich beobachte auch mit größtem Interesse das, was Dir ganz eigen ist, mir vielleicht etwas fremd, aber doch lieb und willkommen.

Kommen wir zurück zur Fürsorge: Mir ist nämlich auch noch aufgefallen, dass es offenbar Menschen gibt, denen fehlt einfach das Bruder-Klaus-Gen. Im Gegenzug erwarten sie auch keinerlei Dienstleistungen. Wenn Felix krank ist und ich wie eine aufgeregte Biene um ihn herumsurre: «Soll ich dir eine mit Honig gesüßte Milch zubereiten, soll ich dir ein flohleichtes Süpplein kochen, den verspannten Nacken massieren, frische Luft ins Zimmer lassen, einen sauberen Schlafanzug holen, oder möchtest du die Zeitung lesen, Musik hören, soll ich mich zu dir setzen, was vorlesen, singen, tanzen, Witze machen und dich unterhalten oder einfach ganz still an deinem Bettlein sitzen?», und ich denke, paradiesische Zustände müssen das sein, so eine Schwester Hannelore zu haben, die frisch und fröhlich und rundum zu Diensten steht – was sagt dieser Mann? Nichts von alledem. Er weist sämtliche Angebote harsch zurück und sagt: Ich will nur endlich in Ruhe gelassen werden. Ja, die gesamte Dienstleistungspalette ist für die Katz. Aber es zeigt eben auch etwas: Menschen haben unterschiedliche Bedürfnisse. Die einen möchten ihre Ruhe, wenn sie sich elend fühlen, andere möchten eben umsorgt werden.

Weshalb wollen wir denn ausgerechnet von jenen unsere Wünsche erfüllt bekommen, von denen wir das garantiert nicht bekommen? Aus Wut? Weil wir dieses Wunder erzwingen wollen, um uns selbst zu beweisen, dass diese Liebesbeweise erbracht werden? Ich befürchte, es geht in diese Richtung. Und je mehr wir nach diesen Liebesbeweisen lechzen, umso größer die Enttäuschung.

Und da müssen wir die Bremse ziehen. Aus eigenem Interesse. Und uns nicht noch mehr in die trostlose Enttäuschung hineinspiralen. Wie aussteigen? Ohne Groll?

Mir hat eine Textstelle aus einem Gedicht von Kelly Priest geholfen, den Ausstieg aus dem Kreislauf von Hoffnung und Enttäuschung zu finden:

«Also bestell Deinen Garten
und schmücke selbst
Dir die Seele mit Blumen,
statt darauf zu warten,
dass andere Dir Kränze flechten …»

Das war der erste Schritt, und Du bist ja ebenfalls bereits dort angelangt. Aber es geht eben noch weiter. Schließlich ist es nicht der Sinn des Zusammenlebens, sich in einer Schuhschachtel einzumotten und sich vielleicht am Schluss noch selbst aufzufressen. Nein, es geht um etwas anderes. Ich schaute mich um und entdeckte plötzlich Menschen, die mir gerne einen Nierentee in einer wunderbaren chinesischen Porzellantasse servieren. Und eine Freundin massiert sogar die Fieberfüße, lüftet das Zimmer, hilft mir, ein frisches Nachthemd anzuziehen. Und inzwischen hat sich Felix auch ein paar Handgriffe von meinen Freundinnen abgekupfert, ganz nebenbei und ohne Druck und Vorwürfe, und nun zelebriert er mir gelegentlich ganz unverhofft ein Trünklein, fragt: «Soll ich dir ein Abendbrot zubereiten?» Noch bin ich erst dabei, mich an diesen Ton zu gewöhnen und das Amazonenprogramm allmählich umzuschreiben.

Ich habe also Felix endgültig aus der Erwartung, dass er die Bruder-Klaus-Rolle zu übernehmen habe, entlassen. Seitdem ist für mich die Welt diesbezüglich in Ordnung.

Ich hoffe, liebe Maya, dass es Dir ebenfalls gelingt, mit Deinen Gedanken durch eine vielleicht winzige Ritze zu schlüpfen und jene Lichtung zu entdecken, wo Dir das Leben frühlingsfroh und leicht entgegenblüht.

Deine Mami,
beflügelt und guter Dinge.

25 Mütter, die spinnen, oder das Mutter-Maria-Syndrom

Hi, Gärtnerin,
zur Abwechslung habe ich die Gartensituation geschnallt. Umsetzen ist nun ein anderes Thema. Programm umschreiben sicher ein längerer Akt. Bin im Nachhinein auch gar nicht mehr sicher, ob dieser Ablauf nur die emanzipierten Frauen betrifft. Das fehlende Bruder-Klaus-Gen ist sicher auch bei traditionellen Paaren ein Problem. Nun gut, fliegender Übergang von Bruder Klaus zu Mutter Maria.

So wie Asterix und Obelix jeweils sagten: «Die spinnen, die Römer», hatte ich in den letzten paar Tagen so viele deckungsgleiche Erlebnisse, inklusive Klatschheftchengeschichten (während des Velofahrens im Fitnessraum), die mir bestätigen, dass es eine berühmte Falle gibt, in welche die Mütter gleich reihenweise reinplumpsen – ich inklusive –, und diese Falle nenne ich mal projektweise «Mutter-Maria-Falle». Ich bin einerseits aufgebracht und andererseits verunsichert, denn das «Mutter-Maria-Muster» zieht sich durch: wie ein roter Faden durch alle Schichten, alle Ehen, Partnerschaften, ganz egal, ob mit Version Jadghund oder Familienhund liiert die Machos *! gehören natürlich auch dazu.

Also: Eine Frau bekommt ein Kind. Welch wunderbares Erlebnis. Die Liebe durchflutet sie, in jeder Ader pulsiert dieses Liebesgefühl, manchmal auch erst nach der ersten Angewöhnungszeit. Aber wenn das Kind den Feenstab geschickt hält, dann lächelt die Mutter sehr bald mit diesem speziellen verzückten, entrückten Lächeln. Mit jedem Atemzug nimmt die Verantwortung für dieses kleine wehrlose Wesen zu. Als kleine Wunder-Fee verkleidet, fesselt das Baby die Mutter mit all seinen Bewegungen, Speckröllchen, Seufzern und Wehklagen. Da steht sie, völlig in ihre Liebe verstrickt, und glaubt, und das ist der größte Irrglauben überhaupt, SIE sei das alleinige Glück für ihr Kind. Ohne SIE wird ihr Kind nie glücklich. SIE stillt, SIE wiegt, SIE singt, SIE, SIE ...

Bei diesem Verzückungsprozess kann man nur hoffen, dem Vater des Kindes ergehe es ebenso. Auch er in himmlischen Sphären, nur noch an sein Kind denkend, durch den Alltag fliegend, und nur das Zusammensein mit seinem Baby bringt Realitäten und Erfolge und Gefühle. Doch selten sieht man ein Duopack durch das Babyweltall schweben, sondern eben meist nur die Mutter. Sie wird sozusagen durch die Geburt des Kindes zur Wolkenfrau, hebt ab und bewohnt eine andere Ebene. Und zwar in der Symbiose mit ihrem Kind und in größter Diskrepanz zum Mann, der meist mit beiden Beinen auf der Erde stehen bleibt. Der versteht nach ihrem Abflug in andere Sphären (meist himmelblau oder rosarot) die Welt nicht mehr. Da werden auf einmal ausgetauscht: die Metallica-CDs gegen klassische Musik, Wein gegen Fencheltee, die knappen bauchfreien T-Shirts gegen Schlabberpullis, Stilettos gegen Birkenstockschuhe, rosafarbene Handtaschen gegen grüne Wickelrucksäcke. Der schwarze Spitzen-BH ist nun weiß, mit Stilleinlagen gepolstert, der ungeheure milchpralle Busen unantastbar für ihn, nur Baby-Wolkenkind darf ihn berühren. Die Frau hat kein

Verlangen nach Ausgang, Sex ist aus dem Wortschatz gestrichen, und jeglicher Gesprächsstoff handelt von roten Popos, Farbentwicklungen des Stuhlgangs und Einschlafprotokollen. Dies von «hinter den Wolken».

Mutter Maria hält ihr Kind. In jeder Kirche siehst du dieses Urbild der Mutter. Jeder berühmte Künstler hat diese Symbiose schon irgendwann in Stein gemeißelt, auf Ölwand gepinselt, in Gips gefräst. Sie steht da, innig vereint mit ihrem Kind, verzückt, glücklich. Schlichtweg DIE PERFEKTE MUTTER. Und jede Mutter, die Liebe für ihr Kind spürt, wird automatisch zu dieser Obermutter, dem Sinnbild aller Frauen, die Königin der Mütter. Somit zur Wolkenfrau.

Und das ist die Falle!

Ich glaube, diese Falle ist der Grund, warum so viele Ehen und Partnerschaften bei der Geburt des ersten Kindes scheitern. Nicht nur die Ankunft einer Drittperson und die damit verbundenen Umtriebe mischen die bisher gut funktionierende Partnerschaft auf, sondern vor allem diese Falle!

Unsere Josephs, auf der Erde zurückgelassene Ehemänner und Partner, werden von den Wolkenfrauen in die Ecke gestellt. Sie haben keine Aufgabe, keine Verantwortung, die Babys werden ihnen mit Bangen und mit vielen Hinweisen, was zu tun sei in jenem und jenem Fall, übertragen – für kurze Zeit. Emanzipierte Mütter binden die Josephs stärker ein, aus Notlage, nicht aus Überzeugung, dass der Vater das Beste sei, was dem Baby passieren könne. Sie kritisieren sein Verhalten, seine Ansichten, seine Pflege, sein Einschlafritual, seine Hygienevorstellungen, seine Unvorsicht Gefahren gegenüber.

Kein Wunder, wenn es Väter nicht sofort nach Arbeitsende nach Hause zieht. Kein Wunder, dass Väter irgendwann mit den Chips vor dem TV landen (der einzige Ort, an dem sie noch hinkönnen, der ist nämlich für die Jungmannschaft oft verboten und somit nicht von ihnen besetzt). Kein Wunder, dass er frustriert ist ob seines Erdendaseins oder ihrer Wolkenreise.

Am Anfang war er vielleicht noch motiviert, wollte mithelfen, dabei sein, Verantwortung tragen, seinen Teil beisteuern. Doch wird er stets ausgegrenzt, unablässig kritisiert, von der Mutter Maria auf der Erde zurückgelassen, dann wird ganz automatisch der Widerwille geschürt. Er zieht sich zurück. Zuerst physisch, dann psychisch. Du merkst, es kriselt. Die Beziehung, welche durch die Ankunft des Kindes sowieso total durchgeschüttelt wird, wird geprüft. Das Entlieben beginnt.

Habe mich soeben erwischt, wie ich eine Lobeshymne auf Männer schreibe, die eigentlich beim Projekt Kind dabei sein wollten. Und irgendwann einfach bei der Aufgabenverteilung übergangen wurden. Und zwar nicht bösartig. Es passiert einfach. Es ist in den Muttergenen verankert, es ist der Mutter-Maria-Bazillus, der diese Krankheit auslöst. Ein trauriges Spiel auf der Bühne des Kinderkriegens. Ein gefährliches Spiel. Oft kratzt ein Paar diese Kurve nicht mehr. Sie bleibt auf Wolke sieben und er organisiert sich auf der Erde neu, mit allenfalls anderen Trägerinnen schwarzer Spitzen-BH …

Die Mutter-Maria-Falle gibt es groß angelegt oder im kleinen Fettnäpfchenformat. Hier ein Beispiel aus der eigenen Wolkenküche: Oft bin ich soooo saumäßig zwanghaft

(«Hast du schon die Zähne geputzt, und waren sie dreißig Minuten an der frischen Luft, und hatten sie heute genügend Vitamine?»). Ich denke oft: «Ach, dass hätte ich aber schneller, besser und eleganter gelöst», ich denke ab und zu: «Das hat er gut gemacht», und ich denke viel zu selten: «Wow, das hätte ich so nie gekonnt.» Geschweige denn, ich sage das Lob. Ein Fehler. Aber was ich anders gemacht hätte, das sage ich. Wieder ein Fehler.

Diese Mutter Maria ist eine verdammte Bürde. Wieso steht sie nicht lässig neben Joseph, der das Kind in den Armen trägt?

Es gilt innerpsychisch so viel zu tun für uns Mütter, die spinnen. Es sind Erkenntnisse, die in einer mehrlagigen Perlenkette aufzureihen wären:

- Die Liebe fürs Baby ist wunderbar, trotzdem sollten wir Mütter dabei nicht den Rest der Welt vergessen.
- Wir sollten uns immer wieder eintrichtern: Die Mutter ist nicht das alleinige Glück des Kindes (schwer zu schlucken, ich weiß).
- Es gibt noch andere Personen, wie den Vater, Geschwister, Familie, Krippenleiterinnen etc., die das Kind auf ihre Art wunderbar betreuen.
- Das Kind stirbt dabei nicht, es lernt verschiedene Muster kennen, die es später gut brauchen kann.
- Wir sollten die Einigkeit mit unserem Kind genießen, aber keine ausgrenzende Symbiose daraus machen.
- Wir sollten die anderen loben, wenn sie etwas machen, das uns nie einfallen würde.

- Wir sollten den Trip in die Wolkenstadt nicht zu lange ausdehnen, den Partner nicht zu lange alleine lassen (oder ihn am besten mitnehmen).
- Wir sollten davon absehen, Metallica-CDs, Wein, Spitzen-BH und Stilettos im Müllsack zu entsorgen: Nach den ersten Wirren sind sie wieder aktuell.

Und so weiter und so weiter.

Ich will den Müttern und mir selbst keine Breitseite geben. Und die Chips essenden Josephs entschuldigen. Aber ich bin wirklich oft verzweifelt, wenn ich beobachte, wie wir emanzipierten Mütter wie der Kapitän auf dem Schiff herumnavigieren, alles in der Hand haben, der Mann steht wie der Küchenjunge daneben und erhält Befehle: «Jetzt wickeln! Jetzt spielen! Jetzt spazieren gehen.» Und dabei bricht der Kapitän ja fast zusammen, vor allem, wenn er auf dem anderen Schiff (Job) noch Erster Offizier ist. Warum nicht den Küchenjungen zum Co-Kapitän ernennen (mindestens) oder tageweise auch zum Kapitän. Warum nicht in der Kapitänshütte zusammen Pläne schmieden, wie das Schiff zu lenken sei. Ungeschrubbte Decks und ein Durcheinander in den Seilen sind hinzunehmen, die gehören zu einer Zusammenarbeit. Er ärgert sich auch über die Tonnen von Vorräten im Bug und die wetteruntauglichen Matrosenanzüge. Also Schwamm drüber.

In den Klatschheftchen kannst du die «Mutter-Maria-Falle» überspitzt dargestellt sehen. Nehmen wir zum Beispiel Julia Roberts. Eine emanzipierte Frau, die sich mehrmals scheute zu heiraten. Vielleicht hatte sie ihre Männer dem

Typentest unterzogen? Dann irgendwann sagt sie «Ja» zu irgendeinem Kameramann und gebar Zwillinge. Die ersten Fotos: Julia Roberts, ungeschminkt, auf dem Hund, mit Feenstaublächeln. Die Klatschinteressierte liest: «Julia Roberts war nie glücklicher, als seit die Kinder auf der Welt sind», «und endlich erwartet Julia das, wonach sie sich so lange gesehnt hatte: Mutter zu sein ...», «... und viele, viele Nächte ohne Schlaf. Für Julia kein Problem», «doch alle werden ihr das Glück gönnen mögen und ihr die Zeit geben, um ihr neues Leben so intensiv wie möglich zu genießen». So ein Bullshit. Hier wird schwarz auf weiß die neue Mutter Maria Madonna Julia Roberts aufgestellt. Dann Sendepause in den Klatschheftchen. Andere Stories sind im Vordergrund. Die Falle schnappt zu. Dann steht «Krise bei Julia Roberts» – «Der Mann verlässt sie». Warum? Sie lässt ihn nicht an die Kinder ran, sie will keine Beziehung mehr mit ihm, sie fühlt sich alleine verantwortlich für das Glück und Gedeihen ihrer Zwillinge. Voilà. Julia, herzlich willkommen im «Mutter-Maria-Club».

Also, liebe Mami, bitte sage es mir unerbittlich, wenn du bei mir das «Mutter-Maria-Syndrom» entdeckst. Du hast ja schon gut Übung darin. Z. B. im Fall Schwiegermutter, als ich sie als total überfordert, meine Kinder zu beaufsichtigen, wieder heimschicken wollte. Damals hast du mir den Kopf gewaschen und mich gefragt: «Was kann sie gut?» Und dann sind mir all die vielen, vielen Dinge eingefallen. Und so blieb sie, und inzwischen sind wir ein tolles Team. Oder nach der Geburt von Lucie, als mich all die Ängste wieder einholten und ich niemandem meine wertvolle Fracht übergeben wollte, da hast du mich daran erinnert, wie wundervoll und voller Inbrunst Erik als Vater ist. Und dass er es anders mache, und das sei gut. Ja, da habe ich mich wieder eingeklinkt. Du hast mich gerade in letzter Minute vor dem Abflug ins Wolkenland aus dem Shuttle geholt. Oder wenn ich Bedenken hatte, ob Estelle bei der Tagesfamilie gut aufgehoben sei, da hast du mich daran erinnert, wie liebevoll sowohl er als auch sie mit Estelle umgehen, und mein Anflug war vorbei.

Bitte, liebe Mami, bleib wachsam und erinnere mich mit dem Codewort «Maria» an hysterische Rückfälle in dieses Muster. Leider kann ich das bei den wenigsten meiner Freundinnen machen. Es ist soooooo heikel, delikat und gefährlich. Ansatzweise versuche ich es. Aber eben, gegen Mutter Maria komme ich nicht an.

Umarmung,

Maya, zurzeit Erdenbewohnerin

Joseph – Mann mit Eigenschaften

Ach, mein liebes, großes Mädchen,
Deinem Wunsch, Dich auf die «Mutter-Maria-Falle» hinzuweisen, will ich gerne nachkommen. Allerdings mit Schmunzeln auf den Stockzähnen. Wer hätte gedacht, dass Du als meine Tochter nochmals die alten Geschichten aufwärmst und sie mir auch noch brühwarm servierst! So viel vorweg: Auch hier weiß ich, wovon Du sprichst. Selbst durch diese mörderische Hölle geschritten, und dabei habe ich eine interessante Entdeckung gemacht: Der Verstand hatte längst schon begriffen, aber die «Mutter-Maria-Zelle» haftete noch wie eine Zecke im Gewebe.

Längst war mir klar, dass die Josephs die Babys weder fallen, verhungern noch erfrieren lassen. Dass sie vieles anders machen, ungewohnter und da noch nicht seit Jahrtausenden eingeübt wie unsereins, gelegentlich etwas ungeschickter und langsamer. Obwohl ich es längst begriffen hatte, war da noch stets dieser Impuls zu kontrollieren, zu organisieren und zu koordinieren, pass auf, denk dran, mach rasch, konnte ich es denn doch nicht lassen. Ganz nebenbei bemerkt: Das sind die schleichenden Liebeskiller, welche die glühendsten Gefühle in die Flucht jagen. Auch das wusste ich.

Wie kommt es dann, dass wir zwar etwas begreifen und uns dennoch diametral zur Erkenntnis verhalten?

Hier die Ergebnisse meiner eigenen Analyse aus der Maria-Zeit: Unsere Mütter, Großmütter und Urgroßmütter waren noch die armen Marienschweine vom Dienst. Bessere Leibeigene, keinerlei Rechte, dem Mann zu Diensten und den Mund halten, das war ihr täglich Brot. Von öffentlicher Einflussnahme keine Rede. Nur zur Erinnerung: Noch Anfang des 20. Jahrhunderts gab es für Frauen ein öffentliches Versammlungs- und Redeverbot. Bei uns in der Schweiz gibt es das Stimmrecht seit 1986! Nun muss man einfach mal versuchen, sich in die Situation der Frau einzufühlen. Sie spürt intuitiv in ihrem Innersten, dass sie eine große Palette von Fähigkeiten besitzt, dass sie über eine denkerische Kompetenz verfügt. Selbst wenn sie es nicht konkret in diesen Worten formuliert, weiß sie darum.

Ja, was geschieht mit ungenutzten Energien? Sie suchen sich irgendeinen Weg. Und weil Du schon an der Bibel dran bist, im Thomasevangelium gibt es faszinierende Jesus-Worte: «Wenn du das hervorbringst, was in dir ist, wird dich das, was du hervorbringst, retten. Wenn du nicht hervorbringst, was in dir ist, wird dich das, was du nicht hervorbringst, zerstören.» Hier ist die präzise Beschreibung des klassischen weiblichen Begabungsstaus! Wenn wir unsere Fähigkeiten und Talente nicht nutzen, richten sie sich zerstörerisch gegen uns. Und dass ein weibliches Hirn mit Windelnsortieren und Marmelade-Einkochen nicht ausgelastet ist, pfeifen inzwischen die Spatzen auch von patriarchalen Wohnhäusern herunter. Somit können wir das «Mutter-Maria-Syndrom» auch als die Wut der Frauen verstehen, wenigstens im Wohl um das Kind die erste Geige zu spielen, die Nummer eins zu sein, so nach dem Modell: Wenn ich sonst nichts zu melden habe, dann wenigstens hier! Und hier, das sage ich dir, kann es mir keiner recht machen! Da bin ich ekelhaft und kleinkariert und lasse ihm nichts durch. Er kann im Geschäft zwar den großen Max spielen, aber hier gebe ich den Tarif durch.

Ja, Du merkst es, wir spielen noch ein altes Stück auf einer alten Bretterbühne, die es so eigentlich nicht mehr gibt. Wenn Frauen nun in ihrem Job durchaus den Ton angeben und es gleichzeitig nach altem Großmutterrezept zu Hause auch noch tun, dann ist eine weitere Überforderung programmiert.

Also, es ist Zeit umzudenken, zu lernen und sich immer wieder zu sagen: Das ist das alte Modell. Aber es hat mit mir nichts mehr zu tun.

Ach ja, eine Überlegung könnte auch noch helfen, aus dieser Falle herauszukommen, wenn wir daran denken, dass es zweifellos Zeiten gab, da konnten wir uns ein Leben ohne IHN nicht mehr vorstellen, wir litten, wenn wir uns für einen Tag trennen mussten, waren im siebten Himmel, wenn wir in seinen Armen lagen, der Freundin erzählten wir, endlich das große Glück gefunden zu haben, einen Mann mit wunderbaren und außergewöhnlichen Eigenschaften, wir schwärmten das Blaue vom Himmel herunter, schilderten ihn als vertrauenswürdig, verlässlich, liebevoll und zuvorkommend, rücksichtsvoll, tüchtig und fleißig und so weiter. Und plötzlich, eines Tages, sehen wir ihn in einem ganz anderen Licht und hängen ihm auch noch den gesamten patriarchalen Jammer an den Hals. Wir beobachten ihn, argwöhnen, stellen Vermutungen an, und es kann sein, dass wir ihm nicht einmal mehr zutrauen, dass er die Kinder gewissenhaft betreuen kann. Wir sind am Ende der Fahnenstange angelangt.

Es ist schon spät, Felix liegt bereits im Bett und schnarcht. Die Hunde halten Wache.

Deine Mami

27 Rhapsodie in Moll

Hallo, Nachteule,

dein Schattengeflüster ist angekommen, hier kommt Nachtgedanke «Vertrauen in Ehemann», zweiter Teil. Sie hat jung geheiratet, meine Freundin Sarah. Kurz nach der Geburt ihres zweiten Sohnes erbte sie ziemlich viel Geld von ihrem arbeitswütigen Vater (der an einem Herzinfarkt das Zeitliche segnete), und das gab sie alles ihrem heiß geliebten Roger, damit er ihnen ein schönes Heim baue, mit Aussicht auf die weite naturbelassene Landschaft, welche das Dorf an den Randzonen zu bieten hatte. Sie vertraute ihm blind, gebar ihm Kinder, gab ihm ihr Geld, und er machte seine Sache gut. Obwohl er viel arbeitete, nahm er sich Zeit für die Kinder, die restliche Energie steckte er in den Hausbau. Und irgendwie und irgendwann, zwischen Sitzungen mit Architekten und Bauführern und Kücheneinkauf, kam ihre Liebe abhanden wie anderen Leuten ein Stock oder Hut. Dass er sich in eine andere verliebte, war der gemeißelte Marmorstein auf ihrem Ehegrab. Und von gestern auf heute war es aus mit dem Vertrauen. Sie stoppte den Hausbau und forderte ihr Geld zurück, was ich gut verstehen kann. Aber als sie mir erzählte, sie wisse nicht mehr, ob sie ihre Kinder diesem Idioten anvertrauen könne, ob er ihnen übers Wochenende auch wirklich genügend zu essen gebe und ihnen die Zähne putze, fand ich dies nun schon sehr makaber. Dass er neben einer anderen im Bett liegt, macht aus ihm doch nicht einen Bekloppten, der auf einmal nicht mehr weiß, wie eine Windel zu montieren ist.

Ich habe mich oft gefragt, sicher auch angestachelt von urinneren Ängsten, das gleiche Schicksal zu erleiden, wie es wohl zu dieser Entfremdung in dieser Ehe gekommen ist. Eine mögliche Antwort für eine solche Entwicklung bekam ich kürzlich geliefert. Durch klassische Musik. Und das kam so: Ich bekam ein Ticket für ein wunderschönes klassisches Konzert von einer Krippenmutter kostenlos offeriert, deren Mann ein mächtiges Tier bei irgendeiner unserer großen Banken ist. Diese Bank lädt vierteljährlich ihre VIP-Kunden zu solchen Anlässen ein. Zuerst zögerte ich, ich kannte die Frau nur so vom Small Talk, doch sie war mir stets sympathisch, und deshalb willigte ich dann doch ein, ihre Freundin zu ersetzen, die in letzter Minute wegen einer Migräne abgesagt hatte. Wir trafen uns am Bahnhof, und dies ist Alicias Geschichte:

Alicia, aus einer einfachen Familie stammend, übernahm das traditionelle Familienmodell (welches in ihrer Familie seit Urgedenken so gehandhabt wird): Sie heiratete mit 21 Jahren, und mit 22 war das erste Kind da. Jedes zweite Jahr folgte ein weiteres. Bei drei hielt sie inne und legte sich noch zwei Schäferhunde zu. Nur Kinder und Haushalt sind zu eintönig, deshalb arbeitet sie einmal pro Woche im Frauenverein, einmal pro Woche als Tagesmutter, zeitweise, wenn Not an der Frau ist, hilft sie ihrer Schwester aus mit den administrativen Arbeiten der kleinen Lebensmittelfiliale oder bei Krankheitsfällen auch direkt an der Kasse. Du siehst, im Jobleben wäre sie eine Erste-Klasse-Managerin, denn schon DREI Kinder geben genügend zu tun. Denke nur an all die Kurse, die diese belegen, an all die Kinderpartys, zu denen sie eingeladen werden und dann ein Geschenk benötigen. Bedenke die Elternabende, die Gegeneinladungen für die Kinderpartys, die ganze Logistik der Kleider und Schuhe (wahrscheinlich hat sie ein ausgeklügeltes System entworfen, das ihr ermöglicht, getragene Kleider zwei Jahre später im richtigen Augenblick wieder hervorzuzaubern).

Dann die Hunde: Tierarzt, Hundeschule, Betreuung, täglicher Auslauf und Riesensäcke voll Futter und Knochen.

Getoppt wird das Ganze (ich bin sicher, jeder Manager hätte an diesem Punkt in der Sitzung lautstark eine Arbeitsentlastung durch eine Sekretärin gefordert) nun noch mit Haushalt, Frauenverein, Arbeitsstunden als Tagesmutter oder Aushilfe.

Ich habe wirklich vergessen zu fragen, welche Droge sie nimmt, um all dies unter einen Hut zu bringen. Oder hat sie sich klammheimlich geklont? Während die eine Alicia schläft, putzt die zweite, während die dritte ein Kind betreut, die vierte die Büroarbeit erledigt etc.

Normalerweise kollabiert eine solche Organisations- und Powerhyäne einmal. Das ist meine bisherige Erfahrung.

Meist zeichnen sich erste körperliche Warnsignale ab: ständige Kopfschmerzen, ein aus Unachtsamkeit verknackster Fuß. Gepaart mit ersten ernsthaften Fehlleistungen wie: die Hausschlüssel anstelle des Apfels in den Wald werfen, den Namen der vor ihr sitzenden Stammklientin einfach nicht mehr in den Hirnwindungen finden, das verzweifelte Suchen nach dem Akkulader des Geschäftsfotoapparates, welches sich auf Stunden ausdehnt – dabei liegt er schön brav in der Schublade – ... Und dann ein stechender Schmerz im Rücken, als frau den Mixer runterholen will (der Rücken, der alles hält, «bricht»), oder der Kreislauf kollabiert auf dem Spielplatz.

Zurück zu Alicia und mir: Wir hatten nicht nur Karten für das Konzert, sondern auch ein Dreigangmenü war mit dabei. So kosteten wir Mah Meh und feine griechische Moussaka, und sie erzählte weiter:

Ihr Mann habe sich in Windeseile vom Kleinkadermanager zum großen Verwaltungstier heraufgearbeitet. Bald würden sie in ein neues, modernes Haus ziehen, mit großem Garten für die Hunde. Jedes Kind ein Zimmer, und sie bekomme sicher nächstens auch den größeren Van, am liebsten in Cremefarbe und mit Vierradantrieb.

Wow, das freue mich für sie, solche Anschaffungen in ihrem Alter (Alicia ist ja wirklich sieben Jahre jünger als ich) seien erfreulich, versüßen den Alltag, wie schön für sie. Doch da verdüsterte sich ihr Antlitz, obwohl wir gerade beim Tiramisu angelangt waren. Ja, es habe eben alles seinen Preis. Sie sehe Henry nur noch selten. Er arbeite Tag und Nacht und sei auch viel im Ausland. Logischerweise, bei seiner Position. Auch wenn er gerade zu Hause weile, sei er eigentlich nicht da. Seine physische Hülle garniere den Stuhl beim Sonntagsfrühstück, doch sein Geist weile noch bei der letzten Konferenz, seine Visionen kreisen um den nächsten Flug nach New York, und seine Energien seien auf die Größe einer Erbse zusammengeschrumpft, gerade mal ausreichend, das Dreiminutenei zu köpfen.

Just in diesem Augenblick forderte uns der Gong auf, unsere Plätze einzunehmen. Es sollte ein edles Assortiment der schönsten Klassikstücke geben. Wohlan. Die Musikerinnen und Musiker in Abendgarderobe gaben ihr Bestes. Doch während Dvorak erklang, beelendete mich Alicias Geschichte. Sie tat mir Leid. Sie war so tapfer, so hingebungsvoll, eine richtige Märtyrerin.

In der Pause, nach einem weiteren Glas Champagner, wurde sie noch redseliger und mir langsam ungemütlich. Nicht wegen ihrer Geschichte, sondern wegen ihrer Offenheit. Es müsse langsam etwas geschehen, Sex kenne sie nur noch vom abstrakten Buchstabieren, die Kinder fragten kaum noch nach ihrem Vater, und der Gärtner sei wirklich ein gut aussehender Mann. Der zweite Gong erlöste mich von einer Antwort.

Tschaikowsky feuerte meine Gedanken an. Im rasanten Klaviertempo überschlugen sich die Erkenntnisse. Blöde Sätze wie «Man kann nicht alles haben» oder «Frauen müssen sich auch um ihre Beziehung kümmern» oder «Da lob ich mir unsere Ehe» schob ich dann aber zur Seite. Bei Mozart konnte ich klarer blicken:

Es ist die Entscheidung jedes Paares, ihre Visionen und Werte festzulegen. Hauptsache, sie meinen das Gleiche. Der Mann in Alicias Fall arbeitet sich halb zu Tode, um seiner Frau und den Kindern Luxus und Leichtigkeit zu verschaffen. Der Preis dafür ist seine Absenz: physisch und psychisch. Wenn Alicia nicht mehr damit einverstanden ist, sie lieber auf den Luxus verzichtet (denn das müsste sie – und an dieser Stelle fragte ich mich, ob sie das auch in Erwägung zieht), lieber im kleinen Haus ohne großes Auto und den teuren Skiferien leben will, dann muss sie dies dem Mann mitteilen. Offenbar zieht sie sich aber in ihre Aktivitäten zurück und ist gerade dabei, den Mann durch den Gärtner zu ersetzen, anstatt um ihre Ehe zu kämpfen, anstatt eine Revision der Visionen und Werte zu machen. Ich werde sie darauf ansprechen.

Auf dem Heimweg, ich gebe zu, Alicia war sehr bewegt, nicht nur von der Musik, sondern auch vom Champagner, fragte ich sie, was sie nun gedenke zu unternehmen.

Ach, sie gebe ihm doch ganz klare Zeichen, dass es für sie nicht mehr stimme. Sie antworte nur noch einsilbig, sie schreibe ihm keine Karten mehr, wenn er länger als zwei Tage verreise. Wenn ihm das Wort Sex wieder einfalle, verweigere sie sich ihm, damit er merke, dass die Beziehung am Zerbrechen sei.

Aha, ein typischer Fall von einem der größten Beziehungskiller überhaupt: die Telepathie-Annahme. Ich glaube nicht, dass Alicias Ehemann von Jupiter abstammt und kleine Antennen seinen grünen Kopf schmücken oder er eine magische Glaskugel besitzt, die ihm das Orakel beim Zähneputzen spricht. Er ist wohl wie jeder Mann auf dieser Welt ausgerüstet mit normalen Kommunikationsfähigkeiten, die zu 90 % über das WORT gehen und nicht über Annahmen, nonverbale Zeichen oder indirekte Anspielungen.

Du weißt, was jetzt kommt, meine Versuche, Alicia dazu zu ermuntern, mit ihrem Mann Klartext zu reden, wurden mit den üblichen Argumenten abgeschmettert: Wenn er mich wirklich lieben würde, dann wüsste er, was ich brauche. Es ist so unromantisch, beim Mann Pralinen, einen Blumenstrauß, einen Liebesbrief und eine tolle Sexnacht zu bestellen. Er sollte doch wissen, was ich gerne mag, er hat mich schließlich geheiratet. Und so weiter.

Ich gab es auf, es war schon spät. Als ich zu Hause vor der Haustüre stand, leerte ich intuitiv noch den Briefkasten. Endlich, das lang ersehnte Buch war da: «Wie man eine Beziehung ruiniert, aber endgültig». Von Rainer & Claudia Sachse. Während des Zähneputzens blätterte ich im Inhaltsverzeichnis, und voilà, da stand es schwarz auf weiß. Beim Kapitel: «Einstellung mit Crashgarantie – oder: Je absurder Ihre Vorstellung, desto stärker der Effekt» kommt gleich am Anfang fett gedruckt: **Gehen Sie davon aus, dass Ihr Partner Telepath ist und Sie ihm gar nichts erläutern müssen!** Also alles Grundschritte für Anfänger, ihre Beziehung zu ruinieren.

Ob ich Alicia dieses Buch mal geben sollte?

Mit dieser wichtigen Frage im Herzen, Bach und Händel im Ohr und mit einem beunruhigenden Gurgeln im Bauch ob all den Schlemmereien legte ich mich zur Ruhe.

Maya

28 Bravo

Liebe Maya,
Du hast etwas Zentrales erkannt: Frauen müssen mit ihren Männern Klartext sprechen! Die unglückselige Verquickung im weiblichen Hirn: «Wenn er mich lieben würde, wüsste er doch, was ich mir wünsche, was ich brauche, was mir gut tut», ist das sichere Programm ins Aus der Beziehung. Früher oder später. Die meisten Männer verfügen über keinerlei Antennen, die seismographisch jeden Gedankenanflug der Partnerin aufnehmen. Und nur weil viele Frauen mit diesen Fähigkeiten ausgerüstet sind, beim anderen das Gras wachsen zu hören, auf jede mimische nonverbale Regung zu achten, sich unverzüglich eine kaum hörbare Bemerkung bezüglich geheimer Wünsche zu merken, damit wir ihn dann am Geburtstag mit dem Navigationsgerät beglücken können und er sich fragt: «Woher weiß sie, dass ich mir das gewünscht hatte?», gehen wir davon aus, dass der Partner ebenfalls diese Eigenschaften hat. Irrtum. Die meisten Männer haben sie nicht. Ende der Durchsage.

Dann müssen wir eben die Dinge beim Namen nennen. Aber oft ist es so, dass der Weg über den Gärtner, den Briefträger, den Kollegen einfacher zu bewerkstelligen ist, sich aus dem unsäglichen Gefühl des Nichtgeliebtwerdens zu retten. Wenigstens kurzfristig. Denn der Gärtner, der Briefträger und der Kollege sind ebenfalls ohne Antennen und benötigen möglichst klare Worte, die sie dann auch verstehen.

Wenn frau für sich in Anspruch nehmen will, ein einigermaßen emanzipiertes Leben führen zu wollen, muss sie nicht nur in der Lage sein zu wissen, was sie will, sie muss es auch noch kommunizieren können. Klipp und klar und schnörkellos, ohne diese unsägliche verdrückte Tussisprache, die indirekt durch verhaltene Gesten, heruntergedimmte Blicke, belegte Stimme kodierte Wünsche übermittelt.

Ach, was ich noch sagen wollte, falls es Dich interessiert, ich habe vor einigen Jahren ein Buch zu diesem Themenbereich unter dem Titel geschrieben «Wenn du mich wirklich liebst – die häufigsten Beziehungsfallen und wie wir sie vermeiden».

Nein, Du musst es nicht lesen. Du hast es ja nun selbst begriffen.

Kiss,
Mami

29 Klassentreffen

Salut, Mami,
eigentlich sollte mich deine Antwort, zudem noch mit «Bravo» betitelt, freuen, doch sie ärgert mit abgrundtief. Meine jetzigen Erkenntnisse hast du vor Jahren niedergeschrieben und veröffentlicht. Ist es wohl mein Schicksal, hinter dir mit einer mehrjährigen Verzögerung lammblöd herzutrotten und wie eine Kuh deine bereits publizierten Erkenntnisse wiederzukäuen und erst noch dem Wahn zu verfallen, sie seien brandneu und meinem Hirn entsprungen? Frust.

Frustteil Nummer zwei (diese Nummer hat es in sich!): der Klassentreff von letzter Woche. Erinnerst du dich noch an Eleanor und Ruth? Gut, es ist lange her, ich weiß, aber das waren doch meine Abiturfreundinnen, die oft bei uns waren. Wir haben uns leider aus den Augen verloren, obwohl wir zu jener Zeit als Kleeblatt verschrien waren. Es waren auch die einzigen zwei, die etwas auf dem Kasten hatten, wie ich emanzipatorisches Gedankengut wälzten, heimlich natürlich, so unter uns bei Kaffee und Kuchen. Und nun war dieser Klassentreff, und für mich gab es nur eine brennende Frage: Was ist aus den beiden geworden? Was arbeiten sie? Haben sie eine Familie gegründet?

Hier die Antwort:
Eleanor – schön brav mit Bluse und schwarzer Hose – hat Wirtschaft studiert. Schon zweisprachig aufgewachsen, vertiefte sie ihre französischen, englischen und spanischen Sprachkenntnisse bei Auslandsaufenthalten während der Studienzeit. Dann ging es hoch her. Von Banken zu Versicherungen zu Großhandelsfirmen (wegen ihrer Sprachvirtuosität immer alles international, versteht sich), war sie sehr gefragt. Also: beruflich gesehen, steil nach oben. Privat haperte es unübersehbar. Nach einigen unglücklichen Beziehungen heiratete sie einen deutlich älteren Mann, geschieden, zwei erwachsene Töchter. Sie stellte es in ihrer Erzählung nicht so dar, aber ich glaubte herauszuhören, dass der Mann sehr unregelmäßig arbeitet, so von Projekt zu Projekt, und dass sie die Hauptkohle heimbringt. Nach zwei Fehlgeburten, die sie dem stressigen Arbeitsleben unterjubelte (und ich den wohl schon etwas ermatteten Spermien des Mannes), wurde sie doch noch einmal schwanger. Sohn Seraphin hat sie sicher mit seinem Feenstaub-Zauberstab berührt und auch den Mann. Glücklicherweise war sie gerade bei einer recht humanen Kleinfirma für ein Projekt angestellt, dass sich auch mit 50% bewältigen ließ. Aber dann, nach drei Jahren, wechselte sie den Job (und auch die Lohnklasse) und stockte wieder auf 80% auf. Unverhofft kommt oft. Sie wurde nochmals schwanger (die Spermien also doch agiler und vitaler als gedacht). Als sie nach dem Schwangerschaftsurlaub wieder im Büro erschien, wurde ihr nahe gelegt zu kündigen, man könne niemanden in der Firma brauchen, der durch das Mutterwesen belastet sei. Bei einem dreijährigen Kind

habe man ja noch die Augen zugedrückt, aber ein Neugeborenes, nein danke. Nach dem ersten Schock und der positiv daraus resultierenden Möglichkeit, sich nun ihrer kleinen Tochter ganz zu widmen, genoss Eleanor die erste Zeit, welche noch bezahlt war, sichtlich. Dann ging sie auf die Jagd und wurde fündig, wieder 80%. Wie sie das macht, 80% zu powern und gleichzeitig Mann und Kinder zu versorgen, ist mir schleierhaft. Sie war an jenem Abend fröhlich, hatte keine Mühe, ihre Kinder fremdbetreuen zu lassen (ein bisschen Mann, ein bisschen eigene Mutter, ein bisschen Kinderkrippe und Hort).

Eleanors 80% geben mir noch Anlass zu einer anderen wichtigen Überlegung. Und sie macht Sinn! Ich kann mich an eine Untersuchung über Teilzeitarbeit erinnern. Wo ich das gelesen habe, weiß ich leider nicht mehr. Diese hat ergeben, dass Teilzeitarbeit mit Verantwortung mindestens 24 h pro Woche betragen müsse. Nur dann habe sie den Effekt, dass neben der Arbeit auch positive Nebenwirkungen entstehen. Frau sei genügend am Arbeitsplatz, um ihre Arbeit sinnvoll und effizient erledigen zu können. Sie sei auch integriert in das Sozialgefüge einer Firma. Bei weniger sei sie die Frau, die niemand kennt, welche die unangenehmen Arbeiten zugeschoben bekommt, weil sie an den entscheidenden Sitzungen eben fehlt. Offensichtlich hat bei ihr dieser Effekt gegriffen, denn Eleanor wirkte entspannt, gut gelaunt und aufgestellt.

Während ich mit meinen 24 Stunden ja meist an dem Nervenzusammenbruchlimit herumgeistere. Ich habe da noch eine andere Theorie, sozusagen als Ergänzung zur Studie:

Da, wo frau mehr anwesend ist, gibt es mehr Luftlöcher. Wenn frau also mehr als 24 Stunden im Büro weilt, dann verteilen sich die Arbeit und die Termine auf mehrere Tage, und ganz automatisch gibt es dabei auch Luft zum Atmen. So ist es durchaus möglich, dass Eleanor in ihrer Arbeitszeit den Gynäkologentermin vereinbart oder beim Steueramt Auskünfte über Ratenzahlungen einholt. Dafür ist sie natürlich weniger mit den Kindern zusammen. Sie wird also andere Probleme haben, sprich Schuldgefühle, wenn ein Kind nicht richtig isst oder jede zweite Woche Fieber hat, oder ständige Spinnenfrauüberlegungen, wann sie Qualitätszeit mit welchem Kind betreibt. Ich hingegen kann die drei Tage Absenz gut rechtfertigen. Erstens einmal sind die Mädchen, objektiv gesehen, nur zwei Tage ohne Elternteil, da Erik ja den einen Tag übernimmt, zweitens finde ich die zwei reinen Mamatage ausreichend (für alle, auch für mich!). Meine Telefonate mit Behörden, Ärzten oder Shops erledige ich von zu Hause, diese werden eben öfter durch Geschrei und Gequengel der Mädchen unterbrochen, denn in den kurzen 24 Stunden liegen solche Späße einfach nicht drin. Wie oft nahm ich in einem Anflug von Größenwahn die ausgeliehenen DVDs mit ins Büro. Der Shop liegt genau in der Mitte von Büro und Krippe, es gibt auch immer freie Parkplätze davor. Nur, genau um 17.35 (departure in 1 minute) kommt der Anruf von meinem Chef. Das Abwägen (Chef vs. DVDs) währt genau eine Sekunde, dann nehme ich den Hörer ab und verbringe die eingeplanten zehn Minuten für die Rückgabe der DVDs mit ihm. So kommt es, dass meine DVDs wieder mit nach Hause kommen und ich sie erst am nächsten Mamatag mit dem Broteinkauf verbindend zurückbringe. Ich glaube, der DVD-Verleih verdient gutes Geld an mir. Auch die Versuche, während Geschäftsreisen den Sozialstress durch anstehende Telefonate zu verringern, scheitern jeweils an den Agenden. Denn meist wird in der Schlussphase des Gesprächs ein Treffen erwünscht. Nur wann? Die private Agenda habe ich bei dieser Quizfrage meist nicht dabei, da sie mittlerweile zu einem A4-Kalender angewachsen ist (vier Spalten: für jede Person in unserem Haushalt eine). Du siehst, ich kann wählen, entweder kommen die Kinder zu kurz oder die Luftlöcher im Büro.

Zurück zum Klassentreff. Bei Ruth ist es anders. Sie hat nur ein Kind. Spät. Auch spät geheiratet, widerwillig (eben die Vollemanze), nur aus administrativen Gründen. Es sei einfach zu kompliziert mit all den Papieren, den Mann das Kind adoptieren zu lassen. Bei ihnen gilt die Devise fifty-fifty, was so viel heißt, beide arbeiten 80 %. Der Kleine geht an diesen vier Tagen in die Krippe. Ein zweites Kind hat sie abgelehnt. Zu aufwändig. Nochmals durch die Windlerei und Stillerei, nein danke. Andri hatte das zu akzeptieren, und so spülte er widerwillig seinen Wunsch nach einer Großfamilie die Toilette hinunter. An seinem freien Tag ist Andri eingeteilt für den Großeinkauf, die Gartenarbeit und alle technischen Reparaturen im Haus, sie mache die Wäsche und koche gelegentlich. Die Putzfrau komme zweimal die Woche. Am Abend vorher räumen sie gemeinsam auf.

Mit Freuden stellte ich fest, dass die zwei ein ähnliches Prinzip wie wir haben: Jeder hat einen freien Abend die Woche. Abholzeiten des Kleinen sind klar geregelt in der

Standardwoche. Ausnahmefälle werden in der Sonntagabenddiskussion vorgelegt. Finanziell sind beide unabhängig. Sie schreiben ihre gemeinsamen Ausgaben auf, und Ende des Monats wird abgerechnet. Ein monatlicher Betrag wird auf ein Weiterbildungskonto eingezahlt (nicht wie wir, wir sind weniger spektakulär: Bei uns ist es ein Sparkonto).

Ihrer gemeinsamen Leidenschaft wie Weiterbildung und Kunst frönen sie, wenn möglich, wöchentlich. So kommt ihr Babysitter donnerstags, damit sie entweder an der Uni eine Vorlesung über die zweite germanische Lautverschiebung oder Hildegard von Bingen besuchen können oder bei deren Ausfall wieder mal ins Theater (meist in der subkulturellen Kunstszene) gehen können. Pro Jahr darf einer eine Weiterbildung machen mit dem zusammengesparten Geld. Auch sie wirkte glücklich und entspannt. Irgendwie habe ich den Verdacht, das liegt an den 80 % ...

Auch kein Wort von den beiden über die ständigen Asymmetrien der Beziehungen und die daraus entstehenden Beziehungskriseleien: Da hockt der eine unter Starkstrom im Büro, umgeben von Geschäftsfeinden und Telefonidioten, während die andere gemütlich Tee schlürft und Unterhosen faltet. So was kann ja auch nicht gut rauskommen, wenn sie zueinander in Verbindung treten. Vor allem, wenn die Unterhosenfaltende gerade die Idee hat, sie müsse jetzt wissen, ob man dieses Jahr am Polyball teilnehme, was beim anderen, der gerade eine Offerte über 120 000 Euro bastelt, keine wirkliche Priorität in der Entscheidungsfindung abgibt. Voilà, da hat man den Salat. An guten Tagen sagt man freundlich: «Mausi, das ist jetzt kein guter Zeitpunkt, um zu diskutieren, wir können alles heute Abend besprechen.» An schlechten Tagen schnauzt man unfreundlich: «Deine Sorgen möchte ich haben, lass' mich in Ruhe mit so einem Quark.» O.k. Später ruft der von Schuldgefühl Gepeinigte an, er sitzt gemütlich im Stau, schließt gedanklich den Tag ab und rekapituliert (fast sinnlich), während sie gerade die vom Tag übermüdeten Kinder im Zaun hält, das weinende Kind beruhigt, das andere anschreit, weil es ohne zu fragen die 3-dl-Colaflasche ausgetrunken hat. Du kannst dir die Antwort denken: «Sorry, keine Zeit!» Plumps und aufgelegt. Auf alle Fälle ist man quitt im Austeilen und Einstecken, aber beziehungsfördernd sind solche Austauschmomente mit asymmetrischen Energieebenen weiß Gott nicht.

Kein Ton über die Trumpfaufgebote, wer es nun strenger habe und mehr Verantwortung trage. Wie definiert man zum Beispiel Verantwortung? Sind das die drei Millionen Euro, die es als Börsenmakler geschickt anzulegen gilt, oder das Leben und Gedeihen eines (oder mehrerer) Kinder in den Händen zu halten (da stellt sich nun die Frage, was denn ein Kind so wert ist in Euro). Wie verantwortungslos ist es, vier Stunden absent zu sein? Wenn der Schreibtisch vier Stunden alleine bleibt und das Telefon ins Leere schrillt und E-Mails mit der Abwesenheitsnotiz beantwortet werden oder wenn die Frau einfach mal vier Stunden Haus und Kind im Stich lässt? Gut, diese Diskussionen gibt es wahrlich nur in schlechten Zeiten. Wenn alle angespannt sind und der Kontostand des Lobes und der Anerkennung ins Minus gerückt ist.

Ich traute dem eitlen Sonnenschein nicht. Wer weiß, vielleicht war die Auszeit von Eleanor doch länger und wirksamer. Vielleicht hat Ruth die Vorlesungen jeweils geschwänzt, um sich wöchentlich eine Ganzkörpermassage verpassen zu lassen. Es war schon spät, und so konnte ich meine üblichen Tricks und Wirksamkeitstests nicht mehr ausprobieren. Und der heißt: ein Tabu brechen.

Wie ich auf diese Idee komme? Seit folgendem Erlebnis:

Lucies erste Einladung zu einem Kindergeburtstag, Eltern bitte anwesend bleiben. Zu Tode gelangweilt, saß ich an einem Tisch mit anderen Eltern, während sich Lucie mit dem Geburtstagskind um das Schaukelpferd stritt. Mühsam wurde an meinem Tisch versucht, Konversation zu betreiben. Jede sollte sich kurz vorstellen. Als ich an die Reihe kam, erzählte ich widerwillig und knapp die Fakten, worauf mein Vis-à-vis bewundernd die Augenbrauen hochzog. Sie würde auch 60 % arbeiten und habe zwei Kinder. So, so, und um den Small Talk etwas durch schockierende Äußerungen zu beleben, erzählte ich der guten Frau, dass ich im Frühjahr so auf dem Hund gewesen sei (von wegen Augenbraue und Jubelrufe), dass ich zwei Monate freigenommen hätte. Ich wollte dies ja nur so in die Runde werfen, um Stirnrunzeln und Fragezeichen zu kreieren und um ein Tabu zu brechen. Entweder du erntest darauf Grabesstille oder eine Offenbarung. Hier kam Zweiteres in Gang: Sie sei seit einem halben Jahr krankgeschrieben, da sie die beiden Kinder nicht mehr auf die Reihe bringe, sie sei maßlos überfordert. Die Kinder würden zwei Tag fremdbetreut, doch erhole sie sich kaum. Sie hoffe nun auf eine Verbesserung, wenn sie die verschriebenen Psychopharmaka nehme.

Seither traue ich den fröhlich lächelnden «Alles-in-Butter-und-Eitel-Sonnenschein»-Frauen nicht mehr. Wer weiß, ob das alles nicht Fassade ist. Heimlich fressen sie Tabletten, um lächeln zu können. Heimlich weinen sie bittere Tränen, sind maßlos überfordert oder im Elend, im Stress, haben keine Lust mehr zu leben oder wollen alles hinwerfen. Zweifelsohne gibt es auch die wahrhaft Glücklichen, die stets Positiven und Gelassenen.

Doch öfter, als du denkst, steckt hinter dem Zahnpastalächeln, dem geordneten Garten, dem frisch geputzten Haus, den adrett drapierten und wohlerzogenen Kindern eine andere Geschichte. Ein Tabubruch von meiner Seite lässt die Fassade zerklirren wie brüchiges Eis. Es ist der erste Schritt. Ich erzähle dir was von meiner Leiche im Keller. Und du?

Es braucht Mut, den Mythos der perfekten, stets fröhlichen, alles meisternden Hausfrau und Mutter zu zerstören. Denn dieser ist immer noch in unseren Köpfen. Er steckt in unserer DNA. Er wird mit der Muttermilch eingeflößt. Er wird uns eingeimpft, er ist unzerstörbar. Es braucht einigen Mut, eine Putzfrau anzustellen und Gäste zu empfangen, die sich ins ungesaugte Wohnzimmer setzen, vom Klo aus nach einer Ersatz-WC-Rolle brüllen und denen man vom Pizza-Kurier das Nachtessen serviert. Und darum glaube ich, das «Heimchen-am-Herd-Gen» mutiert nur langsam, zähflüssig und qualvoll.

Heute sind Ausschweifungen angesagt. Zurück zum Klassentreff. Es war schön, die beiden Ladys wiederzusehen. Doch irgendwas nagt in mir. Gerade bezüglich dieses eitlen Sonnenschein-Getues. Entweder bin ich die Versagerin in der

Reihe, weil ich doch ab und zu Zweifel hege an meinem Familienmodell, vor allem, wenn ich total ausgelaugt und von Zweifel und Schuldgefühlen geplagt ins Bett plumpse. Oder bei der einen oder anderen hätte mein Trick, das Tabu zu brechen, doch noch etwas hervorgebracht. Wer weiß, was noch herausgekommen wäre, wenn wir nach dem Dessert noch eine Flasche Wein bestellt hätten. Ich belasse es damit (kläglicher Versuch, mich zu beruhigen), dass es solche perfekten Frauen einfach nicht gibt.

Fast hätte ich es vergessen: Wir haben ein Stück Freiheit erobert. Der abgenutzte Windelrucksack wurde feierlich in den Keller verbannt. Ich spaziere nun mit meiner geliebten roten Handtasche durch die Gegend, denn, HURRA, Lucie ist trocken.

Erleichterungsgrüße,
Maya

30 Vom Hund hinter dem Ofen

Liebe Maya,
nein, Lucie ohne Windeln! Ich freue mich schon darauf, sie zu sehen, wenn sie ohne dieses Paket am Hintern federflohleicht durch die Lüfte springt. Ich stelle mir vor, dass das für sie ein Vogelgefühl sein muss!

Ja, der Mutter-Mythos hängt uns ganz schön in den Knochen. Die Beschreibung Deines Klassentreffens hat viele Erinnerungsfetzen wachgerufen, Bilder, die ich längst vergessen glaubte und die mir aber deutlich vor Augen führen, dass auch ich darin gefangen war.

Zuerst fiel mir ein, wie ich nach Deiner Geburt glückstrunken im Wochenbett saß und Briefe an Deinen Vater schrieb. An einen erinnere ich mich besonders gut, er treibt mir noch heute Schamesröte in die Wangen. Ich residierte also im Spitalzimmer, 1. Klasse, versteht sich, und schmückte mir mein zukünftiges Leben aus, das ich auch gleich zu Papier brachte. Ach, es müssen jene Hormone im Spiel gewesen sein, die dafür sorgen, dass der Verstand nicht funktioniert. Ich schrieb also an Deinen Vater – lach bitte nicht! –, dass ich alles daransetzen würde, Dir, dem Kind, und ihm zu Diensten zu sein, von früh bis spät, rund um die Uhr. Dann fügte ich gleich auch noch ein Beispiel ein, um zu belegen, wie ernst es mir damit war. Ich schrieb, dass ich Deine und seine Wäsche stets mit Weichspüler behandeln wolle, damit es sich wohl und weich auf der Haut anfühle. Das war der Ausdruck, mit welchem ich meine umfassende Liebe für Euch beide belegen wollte und darüber hinaus, was ich meinerseits bereit war, für unser Glück zu leisten.

Im Nachhinein zeigt es mir ein erschütterndes Bild meines Rollenverständnisses, das sich in all Deinen Schilderungen wie ein roter Faden wiederfinden lässt: eine grundsätzliche Bereitschaft, selbst vor die Hunde zu gehen, wenn es denn sein muss, sich selbst zu opfern.

Kennst Du die Geschichte von Alkestis? Ihr Mann, der König, hatte versäumt, regelmäßig den Göttern die von ihnen verlangten Opfer zu bringen. Da wurden sie sauer und verlangten seinen Tod. Alkestis war verzweifelt, wollte nicht, dass ihr Mann in den Tod gehe, und war bereit, für ihn zu sterben. Sie trank den Giftbecher und starb. Aber die Götter schickten sie zurück und wollten ihr Opfer nicht. Ende.

Wir halten an unserer Glücksvorstellung fest, spielen uns und anderen das Theater vor, alles sei in bester Ordnung, nur langfristig ist dieses Spiel nicht durchzuhalten. Irgendwann, meist aus heiterem Himmel, bevor wir uns ganz in die Luft pulvern, fährt der keuchende Hammerschlag Gottes auf unsere armselige zurechtgezimmerte Glücksvorstellung hernieder und sorgt mit einem so genannten Schicksalsschlag dafür, dass wir wieder zu Verstand kommen. Wir brechen zusammen, bauen einen Unfall, werden krank oder verlieben uns in irgendeinen anderen Mann. So weit muss es nicht kommen. Wir sollten vorher die Notbremse ziehen und diesen Selbstaufopferungstrieb endlich ausrotten.

Inzwischen bin ich gescheiter geworden. Gut, in meinem Alter ist nichts anderes zu erwarten, irgendwo muss sich ja auch die Erfahrung niederschlagen. Heute weiß ich, dass es die wichtigste Aufgabe ist, immer wieder in sich hineinzuhorchen und sich zu fragen: Wie geht es mir? Dann würden wir sofort die Druckstellen erkennen und lernen, mit einer liebevollen Achtsamkeit für sich selbst zu sorgen!

Das würde also bedeuten: Wir winden uns nicht virtuos um unzumutbare Zustände und darüber hinaus auch noch um die Unfähigkeit des Partners, nur um ihm nicht zu sagen, dass seine Vorstellung nicht umsetzbar ist. Wir sprechen Klartext, benennen Hirnverbranntes, schneiden weder Haare noch färben wir, wir puschen den Busen nicht hinauf, sondern belassen ihn dort, wo es sich wohl für uns anfühlt; wir hören nicht Musik, die uns Übelkeit verursacht, wir fühlen uns nicht verantwortlich für seine Vergangenheit, kurz, wir halten uns die Treue. Wir sind auch nicht länger bereit, dem Frieden zuliebe in unseren Hirnwindungen noch etwas zurechtbiegen zu wollen, sondern wir sind gewillt, Streit zu wagen, Unzumutbares zurückzuweisen, weil wir wissen, Glück lässt sich nicht durch Verzicht und Verleugnung erzwingen. Schluss also mit der Schattenwirtschaft, Verschleierungstaktik, mit dem tapferen Augen-zu-und-durch.

Deshalb kann ich Dich nur darin unterstützen, wenn Du bei Deinen Freundinnen Klartext sprichst, das Tabu brichst, die Überforderung beim Namen nennst. Die Emanzipation der Frau kam nur deshalb ins Rollen, weil Frauen nicht mehr bereit waren, gute Miene zum «bösen» Spiel zu machen, sie fingen an, miteinander zu sprechen, stellten fest, dass sie mit dem, was sie fühlten, nicht alleine waren, und fühlten sich darin bestätigt, etwas dagegen zu unternehmen.

Es ist drei Uhr nachts. Gestern Vortrag in Zürich. Bin spät mit geröteten Augen im Nebel heimgefahren. Die Überforderung zeigt neue Facetten, etwas abgemildert schon, aber noch immer als grundlegende Bereitschaft eingeprägt. Du siehst, die Arbeit geht immer weiter. Jede Lebensphase ist geprägt von neuen Aufgaben, Tradiertes zu durchschauen und neue Wege zu suchen.

Hoffentlich klappt es nächsten Montag, ich möchte so gern Dich und die Kinder sehen – und Lucie ohne Windeln.

Alles Liebe,
Deine Mami

31 Von Sex und Schrecksen

Liebe Mami,
ich nehme deinen Faden auf bei den Frauen, welche die Realitäten nicht sehen wollen, sie künstlich zum «Glück» biegen, Tatsachen verschweigen und schönreden und sich dabei aus lauter Konzentration auf andere verlieren. Sie kurven um die Bedürfnisse ihres Partners und ihrer Kinder wie Bienen um die Blume herum. Sie kommen sich abhanden, gehen sich verloren, wissen nicht mehr, was wichtig für sie ist, was sie wollen, wie sie fühlen. Sie und ihre Bedürfnisse lösen sich in Luft auf, und zurück bleibt nur – eine Schreckse. Diesen Ausdruck habe ich aus dem Buch «Karlsson vom Dach» von Astrid Lindgren gestohlen. Karlsson meint damit eine schreckliche Hexe. Ich meine damit nicht die märchenhaften langnasigen Hexen, sondern den obengenannten alltäglichen Frauentyp, Frau Hinz und Kunz, mich inbegriffen, eine komplexe Mischung von bemitleidenswertem Jammertal, keifender Unzufriedenheit und mangelnder Selbstverantwortung. Eben eine Frau, deren Bedürfnisse, Ideen, Träume sich in nichts aufgelöst haben.

Schrecksen-Szenario, einige Wochen her, nach dem Motto, wie Maya sich unbewusst abhanden kommt. Weil Erik in jener einen Woche drei Abende weg war, habe ich mit knirschenden Zähnen, aber mit einem verbindlichen Lächeln auf den Lippen auf meinen Ausgang verzichtet, damit wir uns auch noch mal sehen. Klar, innerlich war ich total frustriert und kochte vor Wut. Und merkte es zum Glück noch rechtzeitig. Denn ich hörte die innere Schreckse sprechen, welche Erik insgeheim den Ausgangsverzicht vorwarf und deshalb von ihm noch ein paar extra Anerkennungsdienste erwartete, die er, wohl total übermüdet von seinen Aktivitäten, kaum hätte aufbringen können. Also: Die Beziehungskatastrophe wäre vorprogrammiert gewesen, Explosionsdatum: Wochenende, wenn die innere Gesamtabrechnung über die Woche gemacht wird. Ich mit meinen Verzichten, er mit seiner Übermüdung. In letzter Minute noch die Kurve gekratzt, bevor die Schreckse ihre Krallen nach Erik ausstreckt: Er also am Samstag früh zu Bett, und ich schwirrte doch noch ins Theater ab.

Damals bin ich dem Unglück mit einer eleganten Hüftbewegung noch ausgewichen. Und hier? Vorfall von heute Morgen:

Ich bin gerade furchtbar drauf, keife Erik an und speie Feuer, jammere über den Stress, bin die arme Seele, die sowieso den meisten Haushalt am Hals hat, alle andern (die Politik, die Wirtschaft, unsere Stadt) sind schuld und Idioten, dass es keine andere Lösung für uns gibt und überhaupt. Und wenn du denkst, das läuft bei mir in einem fulminanten verbalen Crescendo ab, dann irrst du dich. Alle Sätze sind ohne Ton, das Gefühlsszenario liefert sich einen stummen Kampf, während ich die Cornflakes für die Mädchen richte, bevor ich den ersten Schluck Kaffee hatte. Ich bin sozusagen eine unsichtbare Mine. Am Abend vorher schon frustriert ins Bett, Lucies Gemurre war keine Hilfe für eine

Erholung über Nacht, und so beginnt mein Tag. Wer läuft hinein?

Zuerst Lucie: Sie will den anderen Latz mit den blauen Elefanten anhaben. «Ich wechsle keinen Latz! Du behältst den mit den Schnecken an!» Mama unerbittlich, gereizt, kompromisslos. Die Quittung: Geschrei und Krokodilstränen. Estelle mischt sich ein: «Mama, sie will aber den mit den Elefanten.» – Ich, schon mit dem schwarzen Peter in der Hand, kontere unbeirrt und zähnefletschend: «Du hältst dich raus, das geht dich überhaupt nichts an. Ich entscheide hier.» Die zweite Beziehung um sieben Uhr früh versaut. In diesem Moment betritt Erik die Küche, um sich zu verabschieden. Er sagt nichts, sieht mich nur an. Die Mine explodiert: «Und du hast übrigens die falschen Cornflakes gekauft, außerdem, kannst du dich nicht nach der Verabschiedung parfümieren, ich halte diese Duftwolke nicht aus.» An guten Tagen erwidert Erik nichts, an schlechten Tagen antwortet er.

Dann sind sie alle weg und ich ein Häuflein Elend. Ich gemeine Rabenmutter, ich feuerspeiender Drachen, ich Stachelschwein-Monster, ich OBER-SCHRECKSE ... Ich versinke im Jammertal.

Mir fällt zum Thema auch noch dieses Schrecksen-Szenario ein, es gehört ja zur gleichen Geschichte: Yula, eine Arbeitskollegin von mir, wegen des Großraumbüros in Hörweite und in der Mittagspause sehr mitteilsam, beklagt sich jeweils im Vorfeld eines Treffens über das Layout des Rendezvous, falscher Ort, blöder Zeitpunkt, unpassende Aktivität, unternimmt jedoch nichts, damit die Vereinbarungen nach ihren Wünschen ablaufen. Sie macht ihrem Mann die

Hölle heiß, er solle doch mehr Rücksicht auf sie nehmen, nur der arme Kerl weiß gar nicht, wie sie es denn gerne hätte. Und so kläfft sie wie ein aufgebrachter Terrier hinter ihm ihre Bemerkungen über all die Idiotien herum, während er am Telefon versucht, mit der Freundesfamilie einen Konsens über das nächste Treffen zu finden. Egal, wie er es macht, es wird falsch sein. Eben, das ist typisch Schreckse. Warum nimmt sie ihm nicht das Telefon aus der Hand und sagt: «Hört mal, ich habe eine gute Idee, warum machen wir nicht ...» Weil Yula eben zuerst einmal wissen müsste, was sie eigentlich will, dann müsste sie sich ihre Prioritäten überlegen (einen ruhigen Ausflug, Aktionsprogramm für die Kinder, kulinarisches Erlebnis etc.), und dann müsste sie ihre Frau stehen und sich für ihre Interessen einsetzen. Und all das ist zwar zufrieden stellend, aber anstrengend.

Erik meinte kürzlich, all die Frauen, die wie keifende Hexen oder feuerspeiende Drachen oder depressive Opferlämmer den Männern das Leben schwer machten, hätten einfach und schlichtweg zu wenig Sex.

Die einzig gute Szene in dem Film «Mr. and Mrs. Smith» war die Szene beim Ehetherapeuten. Wie viel Sex sie denn hätten auf einer Skala bis 10. Er: «Meinen Sie 1–10 oder 0–10?» – Sie: «In der Woche oder im Monat?» ... Sprich, sie hatten keinen Sex mehr. Nachdem sie sich drei Viertel des Filmes gegenseitig umbringen wollten, hatten sie wilden Sex in ihrem zerbombten und total demolierten Haus, neben Glasscherben und dampfenden Granatlöchern.

Im Film siehst du das Ehepaar Smith beim Abendessen, beim Gardinenauswählen, beim Zähneputzen. Alles abgestumpft, langweilig, ohne Spannung, ohne Zärtlichkeit. Beide sind Undercover-Auftragskiller und hantieren mit computergesteuerten Spezialwaffen, rasen gefährliche Autoverfolgungen, sind Meister im Judo, Karate, Messerwerfen, Zielen, Berechnen und Töten. Nur sie stehen nicht dazu, alles heimlich, alles verborgen. Sie können ihre Stärke nicht ausleben, haben einen Stau in den Lebensenergien.

Auf keinen Fall sollst du dir diesen Film ansehen, er ist sonst banal und streckenweise langatmig. Aber er kommt mir gerade recht, um mein Anliegen zu erklären. Sogar Angelina Jolie wird in diesem Film zur Schreckse. Weil sie unzufrieden ist, weil sie keinen Sex mehr hat, weil sich beide ins bürgerliche Konformleben pressen lassen und dabei totunglücklich sind.

Ich gebe Erik Recht, dass Sex auf der Zufriedenheitsskala einer Frau etwas ausmacht (auch wenn sie es nicht zugibt). Und erst recht auf derjenigen des Mannes. Es kann auch sein, dass aufgrund von fehlendem Sex die Frau zur Schreckse wird. Oder wie Erik wahrscheinlich denkt, der multiple Orgasmus sei die Abkürzung zur Rückverwandlung.

Frauen und Sex ist ein schwieriges Thema. Schwierig für Frauen, schwierig für Männer. Während Männer zusammen den Playboy im Restaurant ansehen und besprechen, flotte Sprüche über die männliche Sexualität selbst mit ihnen unbekannten Gleichgesinnten (dem Tankwart, dem Versicherungsexperten etc.) zuraunen und während des Spieleabends ihr Know-how über die neuesten Sexualpraktiken erweitern, bleiben die Frauen stumm, verschlossen, verschämt.

Zwischen den Zeilen erfährst du: Aha, sie will dauernd, und er ist zu müde dazu. Ach, seit der Geburt vor einem Jahr ist Sendepause. So so, der Arbeitskollege facht ihre Phantasien an. Klar, wenn er dauernd arbeitet und sie nicht mehr umschwärmt, zieht sie sich zurück ...

Wenn Frauen schon untereinander nicht reden, reden sie dann mit ihren Männern? Oder machen sie ganz auf Telepathie? Grüne Marsmenschlein und Orakeltussies lassen grüßen. Erwarten sie Balzgehabe, Komplimente zum Vorspiel und Kerzenschimmer und bekommen es nicht? Weil der Mann von nichts weiß, nichts ahnt, ihren Eisprung nicht errechnet, sich ihre Periode nicht rot im Officebook eingetragen hat? Werden sie zickig, ungemütlich und beleidigt, weil die Libido auf dem Trockenen liegt und die Seele überm Zaun hängt? Sind sie aktiv? Organisieren sie sich ein Schäferstündlein, wenn ihnen danach ist, oder warten sie wie die rosafarben bekleideten Mädchen auf dem Schulball, bis er sie auffordert?

Der Sex ist enorm anfällig: auf Umstände, auf Emotionen, Gefühle, Stress, fehlende Zuneigung etc. Nehmen wir die Geburt, sie ist wie ein Vulkanausbruch. Es ist siedend heiß vor Emotionshitze, alles läuft (Blut, Milch, Tränen), und nach dem Ausbruch verklebt die starre Lava alles Bisherige. Auch den Sex. Der liegt unter den Trümmern begraben. Oft ganz tief. Doch wusstest du, dass Lava höchst fruchtbar ist? Dass Bäume darauf wachsen? Bei den einen schneller, bei den anderen braucht es viele Monate Zeit. Denn wen wundert es: Die «Mutter-Maria-Falle» ist die Sexkillerin überhaupt. Denn Mutter Maria hat als Priorität ihr Kind, und welcher Mann wünscht sich ein verführerisches Schaumbad mit einer nörgelnden, symbiotisierenden Wolkenmaria, welche ihm unentwegt das Signal sendet, so, wie du es mit dem Kind machst, ist es nicht o.k.? Verfeinert wird die Sex-Schlammassel-Suppe mit Erschöpfung – Sexgelüste und Phantasien brauchen auch Energie – und dem körperlichen Unwohlgefühl der Frau. Welche Frau hat schon Lust, mit ihren fünf Kilo zu viel in den engen String zu steigen, den Spitzen-BH mit Muttermilch zu nässen und mit den Augenringen den Ehegatten anzublinzeln. Außerdem kräht entweder das eine Kind, oder das andere muss mal Pipi. Und wenn beide schlafen, wäre da noch der Haushalt (ebenfalls als Sexkiller in den oberen Rängen vermerkt).

Nach einer Geburt ist der Weg zurück zum Sex oft beschwerlich und langsam. Und einigen gelingt es einfach nicht. Die Frau blüht auf mit ihren Kindern, hat Sex mit Zärtlichkeit und Liebe zu ihnen eingetauscht. Doch bei diesem Umtausch geht die Rechnung nicht auf: ganz bestimmt nicht für den Mann. Ich staune, wie lange diese durch Wüste und Einöde stapfen, wie sie ihre Libido durch Arbeit und Tausende von E-Mails zuschütten, wie sie geduldig vor den Sexpforten warten und dabei Zeitung lesen.

Dummerweise strapaziert die Frau das Sexthema zusätzlich. So erhält dieses nicht nur durch Kinderzuwachs einen frequenziellen und qualitativen Dämpfer, sondern wird auch bei Ehekrisen, Kommunikationsproblemen, Gefühlstalfahrten sofort als Kreuz gegen Dracula hochgehoben.

Sex als eine der Lebensenergien aus dem Leben einfach auszublenden, ist sicher nicht sinnvoll. Einen dauernden

Affentanz darum zu machen (manchmal denke ich, die Kioske sind Aushängeschild eines solchen), ist sicher eine Überbewertung. Aber Sex im Rucksack für die Verpflegung auf dem Lebensweg dabeizuhaben, finde ich richtig. Ob er nun als Rückverwandlung zur normalen Frau dient, für Nachwuchs sorgt, den vernachlässigten Frauenkörper nach der Geburt wiederbelebt oder einfach nur Spaß macht, ist dabei nebensächlich.

Schrecksenumarmung von Maya

32 Stopp den Hamster im Rad

Mein liebes Schrecksenmäuschen,
noch immer Hirnbrand auf Hochtouren! Aber irgendwann müssen wir Stopp sagen, unserer Fabulierlust und der verbalen Katastrophenmalerei Einhalt gebieten, Halt sagen, keine weiteren Beschreibungen von Slumming, überkochenden Spaghettis und von Gummistiefelkatastrophen, von Schrecksen und Hexen, sondern wir müssen uns selbst am Schopf packen und uns schlicht und ergreifend fragen: Was machen wir nun?

Ich habe für mich so eine ganz private Leitlinie erstellt, weil auch ich, wie Du ja weißt, mit größter Lust den Teufel an die Wand male und ihn bis ins letzte Detail beschreibe. Ich gehe nach folgendem Programm vor:

- die Situation mit Kamerapräzision wahrnehmen
- analysieren mit Verzicht auf sämtliches dramaturgisches Tamtam
- reflektieren, nüchtern morgens um sechs Uhr
- und dann handeln. Ich stelle mir Fragen, wie komme ich aus dem Salat wieder heraus? Was könnte mir helfen? Was unterstützt mich? Und was – und vor allem wer – hindert mich?

Du ahnst es, ich denke, mein Kind, es ist Zeit, dass Du Dir eine Handlungsgrundlage zusammenstellst, Richtlinien, die Dir helfen, wenn alle Stricke reißen, nicht wieder in den alten Trott zu verfallen. Vielleicht sind es Bilder, die Du Dir imaginär malst, Zaubersätze, die Du stets in Deiner Westentasche mitträgst und die Du bei Bedarf hervorholst.

Ich denke, dass es für Dich vor allem wichtig ist, Dich aus der Perfektionsfalle zu befreien. Mädchen, jubeln über einen perfekten Tag ist wirklich ein Schwachsinn, der Absturz ist vorprogrammiert, denn schon morgen will Lucie ihre verdammten froschgrünen Gummistiefel nicht mehr anziehen, Estelle meditiert beim Anziehen, Erik tritt ins Fettnäpfchen, der Briefträger läutet, wenn die Milch überkocht, und das Heizöl geht bei minus zehn Grad aus. Also, runter von dem Perfektionswahn. Spring in die Fluten, die Dir das Leben bietet, und versuch darin verschiedene Schwimmstile, die Dich davor bewahren abzusaufen.

Inhaltlich gibt es auch noch einige Anmerkungen, die zu überdenken sind, vor allem, was die Sexualität betrifft.

Mit der eigenen Mutter über Sexualität zu sprechen, ist eine riskante Sache. Nicht nur für Dich, sondern auch für mich. Für Dich deshalb, weil Du damit rechnen musst, dass ich Dir nicht überall zustimme, Deine Koppelung der Schrecksen mit mangelnder sexueller Beglückung scheint mir ein patriarchaler Gedanke zu sein. Doch lass mich etwas ausholen.

Über etwas sind wir durchaus einer Meinung: Sexualität ist eine vitalisierende Energie, die beschwingt und einem Flügel verleiht. Nur, und das möchte ich Dir zu bedenken geben, bewirkt die Abwesenheit von sexueller Betätigung nicht zwingend das Gegenteil. Also kein Grounding, der Vogel bleibt nicht unbedingt am Boden hocken und klebt dort wie eine zermanschte Apfelsine.

Ich gehe davon aus, dass der Mensch grundsätzlich über einen Grundumsatz an Energie verfügt, in der Psychoanalyse schlicht Libido genannt. Wie sich nun diese Energie aber zum Ausdruck bringt, ist vielfältig. Ich stelle mir verschiedene Ventile vor, durch die sie sich Luft macht. Da ist zweifellos einmal die Sexualität. Aber es gibt auch noch andere Ventile. Wenn ich Deinen Mädels beim Spiel zuschaue, Lucie mit zunehmender Begeisterung fünfzigmal hintereinander auf einen Stuhl steigt, um durch die Luft Felix in die Arme zu springen, dabei vor Begeisterung jauchzt, dann denke ich – verzeih! –, welche Frau hat in ihrem Liebesleben nur annähernd intensiv und derart von Herzen Jauchzer von sich gegeben! Oder wenn ich Estelle beim Zeichnen zusehe, mit derartigem Eifer vertieft, beinahe andächtig, dann frage ich mich, ob eine geschlechtsreife Frau wohl jemals eine derartige Inbrunst und Hingabe beim Komponieren einer Liebes-SMS gespürt hat. Ich könnte noch weitere Beispiele anfügen: Lang Lang im virtuosen Klavierspiel, Zeruya Shalev beim orgiastischen Schreibfeuerwerk, Cecilia Bartoli beim Singen usw., usw.

Du ahnst, was ich sagen will. Sexualität ist viel, aber nicht alles. Jedenfalls die Vorstellung, dass Schrecksen einfach mal gehörig durchgevögelt werden müssten, ist eine männliche Vorstellung, vom Größenwahn durchdrungen: «Ja, wenn denn so einer käme wie ich, so ein toller Hecht, dann würde ich aus einer Schreckse ein wundervolles Weib hervorzaubern.» Solche Vorstellungen sind weiter nichts als eine Dokumentation männlicher Selbstüberschätzung.

Vielleicht lässt es sich einfach zusammenfassen:

Sexuelle Bedürfnisse sind individuell und lassen sich nicht grundsätzlich auf alle Menschen übertragen. Die einen haben viel, die anderen weniger, und einige schöpfen aus völlig anderen Bereichen und Betätigungen aus dem Vollen.

Die Sexualität verändert sich im Laufe des Zusammenlebens. Der stärkste Einbruch wird bei vielen durch das erste Kind erlebt. Plötzlich ist man nicht mehr ein Liebespaar, sondern gleichzeitig auch noch ein Elternpaar. Die Verantwortung steigt. Die Dynamik verändert sich. Ein Wesen kommt dazu, das die ganze Aufmerksamkeit der Eltern abringt, das geliebt werden will, das zurückliebt. Der größte Fehler, den Paare machen, besteht darin, dass sie immer davon ausgehen, dass es wieder so werden müsste, wie es früher einmal war. Es wird nie mehr so sein, wie es einmal war! Da lohnt es sich auch mal darüber nachzudenken, ob die Schöpfungsintelligenz den Fortpflanzungsakt mit Genüsslichkeit ausgerüstet hat, damit die Menschheit nicht ausstirbt, oder ob sie die Genüsslichkeit als Selbstzweck installiert hat. Es gibt im Französischen einen schönen Ausdruck: «faire l'amour» (Liebemachen). Ja, vielleicht ist es so, dass Paare im Laufe der Jahre Liebende geworden sind, und da ist es nicht mehr so wichtig, immer wieder neu Liebe machen zu müssen. Für mich hängt das Gelingen einer Partnerschaft im Laufe der Jahre nicht vom Beibehalten der sexuellen Frequenz ab, sondern von der Fähigkeit, sich grundsätzlich nah zu sein, intim, seelisch verbunden. Neulich erzählte mir ein Paar, das seit fünfundvierzig Jahren verheiratet ist, dass für sie Sexualität kein Thema mehr sei, dafür habe sich die seelische Intimität vertieft. Und während sie mit mir sprachen, hielten sie sich an der Hand, der Mann streichelte mit einer beinahe unbeschreiblichen Zärtlichkeit die von Gicht etwas verformten Finger seiner Frau, und ich hatte das Gefühl, bei einer Andacht dabei sein zu dürfen. Und Deine Großmutter? Du erinnerst Dich daran? Sie hatte im Altersheim einen Freund, im Rollstuhl, beinamputiert, herzensgut. Sie verbrachten die Zeit miteinander. Als sie starb, war er kaum zu trösten. «Ich habe die schönsten Stunden meines Lebens mit dieser Frau verbracht», sagte er mir. Was? Wie bitte? Wie denn? Ich wollte es wissen. Und er sagte es mir: «Ich fühlte mich von ihr verstanden.» Das war's. Das ist das Paradies! Ja, wo war denn um Gottes willen die sexuelle Erfüllung? Sie fühlten sich voneinander verstanden. Das ist das Größte.

Schließlich hat alles seine Zeit. Und vielleicht lernen wir gerade mit der Veränderung der Sexualität, neue Räume in unseren Herzen zu erschließen, neue sinnliche Bereiche zurückzuerobern, über die wir ja alle als Kind einmal im höchsten Maße verfügten. Mit welcher Begeisterung lauschten wir den Vogelstimmen, sprangen barfuß über eine Frühlingswiese, strichen über das samtweiche Katzenfell, pulten die Teigreste aus der Schüssel, ließen uns einfach von der Schönheit dieser Welt hinreißen. Zurück zur Bibel, da steht es doch: Wenn wir nicht werden wie die Kinder, kommen wir nicht in das Himmelreich.

Liebe Maya, wenn es mir gelingt, Dich auf das Wesentliche in diesem Leben aufmerksam zu machen, und Du plötzlich vor dem Wunder des Lebens stehst, staunst und durch Dein Herz ein Windhauch von Dankbarkeit weht, dann kann nichts schief gehen. Auch nicht mit der Emanzipation.

Und noch etwas: Ich liebe Dich!

Deine Mami

33 Nein, mit Analyse

Liebe Mami,
zu deinem ehrwürdigen, hoheitsvollen Abstandnehmen und Relativieren von Sexualität kann ich nur sagen: «Je refuse!», was so viel heißt wie: «Ich weigere mich.» Ich will noch nicht ins Kloster, und die alleinige geistige Verbundenheit mit meinem Ehemann ist kein genügender Seelenfrieden. Ich bin weder fünfundvierzig Jahre verheiratet (gerade mal neun) noch zärtlich verliebt in meinen Altersheimfreund. Ich stehe mitten im Leben, noch keine vierzig, um mich herum rauscht und braust es, ich renne und hetze und biege und breche, und dann soll ich am Abend die Hand von Erik streicheln, anstatt das seelische Gleichgewicht durch eine gute Portion Sex wiederherzustellen? Nein, nein und nochmals nein.

Ich glaube, wir sind nun beim Teetrinken angelangt und bei den Altersweisheiten von Generationen. Das, was du beschreibst, sind Visionen fürs Alter! Wenn du 90 bist und ich 60, dann werde ich (vielleicht) nicken, dann werde ich diesen Brief wieder hervorkramen und denken, wie wahr sie spricht, meine Mutter. Aber wir emanzipierten Mütter, die sich sowieso schon durch den Dschungel der Sexproblematik schlagen, sich verzweifelt gegen Energiemoore wehren und nach der Lustliane suchen, sollten die Safari nicht abblasen. Verkünden, der Löwe sei ausgezogen und die Leoparden ausgestorben. Diese Haltung wäre einerseits der Partnerschaft nicht zuträglich, aber auch für sich selbst ein Verlust.

Es gibt andere Formen von Libido, da gebe ich dir Recht. Es muss nicht immer purer Sex sein, Zärtlichkeit, Körperkontakt, einfach Haut auf Haut ist auch toll und vitalisierend. Aber einfach nur noch den tiefen Blick in die Augen oder den ganzen Körper (immerhin zwei Quadratmeter Haut) auf die Fingerkuppen beschränken, finde ich TOTAL FRUSTRIEREND.

Darum nochmals, nein, nein, ich weigere mich, und damit basta.

Und während ich dies schreibe, habe ich dich sogar im Verdacht, dass du lächelst, dich an deine jüngeren Jahre erinnerst, wo du wahrhaftig kein Nonnenleben führtest.

Also, buchen wir dies Thema doch ab unter «Generationenkonflikt».

Zum Thema Stopp den Hamster im Rad: Ja, es ist an der Zeit, das Analysehirn einzuschalten. Unter dem Motto «emanzipierte Frauen können denken und Lösungen erforschen» hier die ersten Gedankenergebnisse zum Thema Schrecksen, Verantwortung und (leider nochmals) Sex:

Schrecksenverwandlung Schritt für Schritt

Hexen sind selten, fliegen nur hin und wieder auf dem Besen durch ein Märchen oder einen Horrorfilm. Wir Schrecksen sind Alltag. Wir können ganz normale Frauen sein, die eigentlich ein ausgefülltes Leben haben. Doch da eine Unachtsamkeit, ein Verzicht hier, ein Missverständnis da, eine Überforderung dort, und schon ist die Schreckse geboren. Vielleicht nur für zwei Stunden, vielleicht aber auch für eine Woche. Bei manchen hält die Verwandlung ewig an.

Wir Schrecksen kommen uns abhanden. Warum? Stets den Scheinwerfer auf die anderen gerichtet, leben wir nach den Vorgaben anderer, kaufen ein nach den Wünschen der anderen, feiern Feste an den Wunschtagen der anderen, nehmen unterqualifizierte und unterbezahlte Jobs an, weil wir unseren Wert nicht kennen und nicht nennen, befinden uns in Rollenmustern, die wir verabscheuen, verhalten uns täglich so, wie wir es bei andern hassen ... Doch bevor wir uns zurückverwandeln können, müssen wir wissen, WAS WIR WOLLEN. Und das ist oft die Gretchenfrage. Oft kennen wir unsere Wünsche und Bedürfnisse nicht mehr, sie sind durch den Alltagsmüll zugeschüttet worden. Deshalb werden wir oft wie Yula, wir schimpfen und meckern, weil es uns nicht passt, was läuft, aber wir können nichts ändern, weil wir nicht wissen, WAS. Eine furchtbare Lage. Und deshalb das Gejammer. Der Opferblick, die Märtyrerhandlung, die stete Unzufriedenheit. Ein grausiges Schicksal.

Im Schrecksenzustand ist uns eines sicher: Wir sind erfolglos. Weil Erfolg etwas mit der Verbundenheit zu seinem Kerninnern zu tun hat: «Was willst du, wohin willst du?», will der Erfolg von uns wissen – und wir stehen da, ohne Antwort. Die eine Frau kann vielleicht gut rennen, doch wenn sie nicht weiß, ob sie besser im Kurzstreckenlauf oder im Marathon ist, dann hat sie ihre Begabung schon verschenkt. Wenn die Zweite nicht spürt, wie sie im Kopf gleich ein Musical kreiert, wenn sie eine gute Musik hört, dann wird die Welt nie die beste Choreographin der Schweiz kennen lernen. Wenn die Dritte sich selbst nicht zugesteht, dass sie ein loses, rassiges Mundwerk zu bieten hat, dann wird der Radiosender eben einen anderen einstellen.

Irgendwo auf einem Klo, ich glaube, nicht einmal auf meinem eigenen, las ich einmal ein Kurzrezept zum Thema Erfolg. Es hat mir sofort eingeleuchtet, und darum kann ich mich wohl noch an die vier Schritte erinnern, die etwa so lauteten:

1. Stelle fest, wohin und was du willst.
2. Für welche Werte stehe ich gerade?
3. Wie erreiche ich mein Ziel (Strategien)?
4. Setze es um!

Wenn wir gerade in einem Schrecksenzustand sind, weil wir uns mal wieder abhanden gekommen sind, dann ist dies das Geheimrezept für die Rückverwandlung – und nicht der multiple Orgasmus. Zurück also zu meinem Jammertal nach dem Frühstück, mit dem Erfolgsrezept in der Hand:

Was ist los mit mir? Wieso zerstöre ich wie ein wild wütender, feuerspeiender Drache jegliche Familienharmonie, streite mit Lucie, verbiete Estelle das Wort, greife Erik an? Ich recherchiere wie ein Detektiv die Zusammenhänge, fühle in mich hinein. Zaubermittel eins: Wohin willst du? Oder auch: «Was willst du?» Ich frag mich dann, wenn ich einen Zauberstab hätte, der alles möglich machen würde, was würde ich wollen, verändern, angehen, beginnen oder beenden?

Aha, ich habe es gefunden. Ich habe zwei Wochen lang mein System nicht mehr gewartet. Kein Kino, keine Freundin, kein exzessiver Sport. Einmal wegen der kommenden Feiertage und der Geschenkverpackungen (für die anderen) und einmal, weil ich zu müde war. Meine Energietanks sind leer, weil ich wegen der Weihnachtsfeierlichkeiten in jeder Minute für andere plane, telefoniere, Geschenke kaufe, liefere, verpacke.

Zweite Zutat: Für welche Werte stehe ich gerade? Überleg dir deine Werte, schmiede sozusagen die eigene Firmenphilosophie. Ich zum Beispiel bin ein Fan von Ehrlichkeit, guter Kommunikation und Positivismus. Ich möchte fördern und entwickeln. Krumme Touren gibt es nicht. Und auf Spielchen habe ich keine Lust. Und für diese Haltung werde ich meine Frau stehen und Verantwortung übernehmen. Dies im Allgemeinen. In diesem speziellen Schrecksenfall muss ich ehrlich zu mir sein: Ich will auch schöne Weihnachten haben, und dafür arbeite ich auch gerne mehr an meinen freien Abenden und am Wochenende. Aber es hat seine Grenzen. Ich kann es verantworten, die paar Auslandsbriefe zwischen Weihnachten und Neujahr zu schreiben und mir stattdessen die rote Lederhose anzuziehen und einen kitschigen Film im Kino zu genießen, einfach, weil es mir gut tut. Es würde meine Energietanks füllen. Dafür stehe ich jetzt ein.

Dann kommt die dritte Zutat: Wie stelle ich es an, an mein Ziel zu gelangen?

Dies ist meist der organisatorische, strategische Teil. In diesem Falle ein Klacks.

Und zuletzt die vierte und letzte Zutat: Mach es, setze die Pläne um. Wage es.

Zuerst SMS an meinen schwulen Lieblingsfreund, der sich außerordentlich gut für kitschige Filme eignet. Jupihee, er hat Zeit. Dann Entschuldigungstelefonat bei Erik von wegen Cornflakes und Parfüm und gleichzeitig Datumsangabe von meiner Absenz zwecks Regenerierung und Energieversorgung.

Ich bin wieder normal, die Schreckse dauerte nur ein Frühstück lang, brachte aber einige Scherben ein. Bei Erik habe ich mich schon entschuldigt (wobei er die Ansicht vertritt, man kann den Nagel schon wieder aus der Wand ziehen, aber ein kleines Loch bleibt immer). Die Mädchen sehe ich erst am Abend wieder, und dies ist eine lange Zeit, wenn man von Schuldgefühlen gesotten und gebraten wird.

Erfolgsprogramm im Sex

Na, dieses Vierschritteprogramm funktioniert ja ganz gut bei den Schrecksen. Probieren wir es doch aus, ob es beim verkorksten und vermurksten Sexthema auch erfolgreich angewandt werden kann, immer vorausgesetzt, frau ist vierzig und nicht sechzig, frau möchte Sex und keine rein seelische Verbundenheit (dies ist der Seitenhieb an dich):

Erfolg beim 0815-Sex:

- Stelle fest, wohin und was du willst. *Z. B. zum Orgasmus? Auf direktem Wege.*
- Für welche Werte stehe ich gerade? *Z. B. aber nur mit dem Ehemann (Callboys, nette Nachbarn und attraktive Gärtner werden für Härtefälle aufgehoben).*
- Wie erreiche ich mein Ziel (Strategien)? *Z. B. ich wähle meine Lieblingsposition.*

- Setze es um. *Kein Kommentar.*

Doch auch hier, bei einer heiklen Situation, zum Beispiel Sendepause nach der Geburt, könnte es funktionieren:

- Stelle fest, wohin und was du willst. *Z. B. zurück zum Körpergefühl. Wohlige Wärme, Zärtlichkeit, Haut spüren.*
- Für welche Werte stehe ich gerade? *Z. B.: Ich will nicht leisten, ich will genießen, ich will offen sein für Weiteres.*
- Wie erreiche ich mein Ziel (Strategien)? *Z. B.: Ich rede Klartext, erkläre meinem Mann meinen Körpertumult aus Milch, Fett und Hormonen, bitte um eine wohltuende Massage, aus der Sex entstehen kann, aber nicht muss, und wenn, dann nur auf mein Kommando.*
- Setze es um. *Kein Kommentar.*

Na ja, ich habe zwar fleißig analysiert und sicher auch einen netten Ansatz gefunden, dies und das ganz objektiv auf dem Seziertisch zu zerlegen, doch meine Gesamtsituation hat sich nicht wesentlich vereinfacht. Versuche nun deinen letzten Tipp, werde mich ganz kindisch mit den Kindern mitfreuen an unserem morgigen Schlittenausflug. Jubeln und jauchzen ob all der hingeworfenen Schneemassen; Schneeflocken schmecken und kreischend Hänge runterrasen - natürlich mit Dankbarkeit im Herzen und der Hoffnung, dass dann nichts schief gehen kann. Auch nicht mit der Emanzipation. Doch weiß ich jetzt schon, der Hamster läuft weiter im Rad, vielleicht nicht vorwärts im Renntempo, doch gemächlich sinnierend und analysierend, trippelnd und tänzelnd, es muss doch noch mehr geben als Erfolgsrezepte, Sex und die Rückverwandlung zum inneren Kind.

Ach noch was, ich liebe dich auch, mitsamt Altemanzen-Geschwätz und emanzipationserschwerenden Vererbungsgenen.

Deine Tochter Maya

Epilog

Von Risiken und Nebenwirkungen

Ich stehe mit Helena im Europapark und friere, es ist minus zehn Grad, ich weiß auch nicht mehr, wie wir diese Tatsache bei der Planung dieses Ausfluges verdrängen konnten. Doch eine dicke Schneeschicht überzieht den ganzen Park wie eine Puderzuckerglasur, sie verzaubert uns durch ihren Charme und entführt uns in ein Wintermärchen alter Zeiten. Der würzige Duft von verbranntem Holz, feines Klingen kleiner Glocken und unsere liebenswerten Männer, die mit den Kindern an einer der Bahnen geduldig anstehen, lassen uns mit warmem Herz in der klirrenden Kälte warten. Während wir fleißig mit den Zehen in den Pelzstiefeln turnen, erzähle ich Helena von dem Briefwechsel mit meiner Mutter und meiner daraus resultierenden Erkenntnis, dass ich sehr viel begriffen hätte (Zusammenhänge, Systeme, Denkkonzepte), Muster bei mir und anderen (inklusive ihr) entdeckt hätte und sozusagen Expertin in der Emanzipationsfalle geworden sei.

Was denn die Quintessenz sei, was ich einer Frau wie ihr raten würde. Sozusagen welches Ratschlagspäcklein oder Tippbüchlein ich ihr mit auf den beschwerlichen Weg gäbe. Schließlich bekämen alle, die ausziehen, das Fürchten zu lernen, etwas mit auf ihre Reise. Gut, es seien vorwiegend Männer, die auf Abenteuer gingen, Prinzen, Helden und James Bond. Diese bekämen ein schnelles Pferd oder ein unzerbrechliches Schwert oder irgendein Auto, welches im Notfall taucht oder fliegt. Mütter speise man meist ab mit einem 300-seitigen Ratgeber «Das erste Babyjahr», ein paar gut gemeinten Tipps (wenn es schreit, einfach schreien lassen, das stärkt die Lungen) oder dem Brilli-Ring vom Ehemann als Sinnbild für die Geburtsstrapazen und als Anzahlung für den Mütterorden. Und das sei ja ziemlich mager, und von mir erwarte sie nun mehr.

In diesem Moment jubeln uns die Kinder zu, die Bahn fängt an, sich zu drehen. In regelmäßigen Abständen winken sie uns begeistert zu, während ihre Väter milde lächelnd über der Sache stehen. Zaudernd hebe ich an, immer wieder mit der einen Hand einem der Kinder zuwinkend: «Liebe Helena, es gibt keine Lösung. Auf alle Fälle keine allgemein gültige. Obwohl es ein kollektiver Notstand ist und ich sicher bin, dass die meisten emanzipierten Frauen so wie du und ich empfinden, gibt es nur individuelle Lösungen, und die muss jede selber finden.»

Helena kennt mich nun schon einige Jahre und somit gut genug. Sie blickt mich streng an. «Komm schon, zier dich nicht, verrate mir wenigstens deine individuelle Lösung.» Erneut zögere ich. «So einfach ist das nicht. Es ist wie mit einem Aspirin: Der Kopf tut nicht mehr so weh, aber die Migräne hast du damit nicht endgültig vertrieben. Ich kann dir sehr wohl eine Palette von verschiedenen Wirkstoffen anbieten, in Form von Pillen, Tabletten und Sirups, zum Teil helfen sie auch, aber sie haben Nebenwirkungen!»

Diese unklare Antwort ist zu viel für Helena, sie, die Naturwissenschaftlerin. Ich muss deutlicher werden. «Stell dir vor, eine emanzipierte Mutter, verheiratet mit einem Jagdhund, fängt an, diese Tabletten einzunehmen, sprich, diese Tipps anzuwenden. Sie würde den Ehemann täglich mehrmals vor den Kopf stoßen, er würde die Welt nicht mehr verstehen und wäre anfangs ganz sicher nicht erfreut über die Entwicklung, welche seine Frau vor seinen Augen durchmacht. Dass die Raupe zum Schmetterling wird, kann er nicht verstehen. Er möchte gerne die bequeme Lösung; keine Widersprüche, keine Ansprüche, keine neuen Regelungen. Es könnte zu ziemlichen Brüchen kommen, vielleicht sogar zu einer Trennung. Ich meine, ich habe einen Familienhund Goldversion an meiner Seite, und der ist willig, unterstützend und an meiner Weiterentwicklung interessiert. Aber ich kann dir sagen, wenn ich zu viele von meinen eigenen Lösungsideen anwende, dann kommt auch er ganz schön in die Bredouille. Und außerdem, wie ich schon gesagt habe, die Super-Gesamtlösung gibt es nicht. Unser heutiges Modell mit der Emanzipation geht einfach nicht sauber auf, du kannst es drehen und wenden, wie du willst! Mit meiner Wirkstoffpalette dauert es einfach länger, bis der Emanzipationswagen ganz auseinander bricht, und beim Ziehen desjenigen kannst du sogar ab und zu noch ein Liedchen trällern.»

Die Kinder rennen strahlend auf uns zu (sie frieren kein bisschen), «Bitte noch einmal», rufen uns ihre glänzenden Augen, die roten Backen und die lachenden Münder entgegen. Und weil uns dieses Gespräch doch ziemlich in Anspruch nimmt, nicken wir zustimmend, und die ganze Bande rennt zurück auf die schon wartenden Väter. Ein fahler Sonnenstrahl bahnt sich einen Weg durch den Himmel, der wie eine hellblauweiße Eiskuppel über uns thront, er vermag nicht zu wärmen, nur zu erfreuen und kündet den späten Nachmittag an.

«Okay», sagt sie zu mir, «ich stecke knietief in meinem Emanzipationssumpf, wenn es angenehmer wird, nur zu. Außerdem habe ich schon begriffen, ich habe sozusagen die Packungsbeilage für deine Pillen gelesen, falls ich mich von Silvan trenne, bist du absolut unschuldig, schließlich will ich keine Schreckse sein, und deshalb trage ich die Verantwortung für mich und meine Taten!»

Das klingt ermunternd. Ich nehme mir ein Herz und beginne, meine Wirkstoffe vor Helena auszubreiten. Da gibt es die rosaroten Beziehungstabletten, ziemlich ungefährlich und mit einer sofortigen positiven Wirkung. Dann den giftgrünen «Kill-den-Müttermythos»-Sirup, der oft in seiner Wirkung den Kindern zugute kommen. Und zuletzt die roten Anti-Schrecksen-Pillen. Achtung, giftig, reizend, ätzend. Schwerwiegende Nebenwirkungen für Jagdhund-Beziehungen und klassische Rollenaufteilungen nicht ausgeschlossen. Na ja, ich selbst hatte es nicht geschafft, alle zusammen einzunehmen, wovor habe ich also Angst, sie hier preiszugeben. Aber warnen möchte ich auf alle Fälle: Sie zeigen Wirkung!

Die rosaroten Beziehungstabletten, harmlos, partnerschaftsförderlich, gut verdaulich durch Bewegung und Tanz

- **Mehr Beziehung nach dem Motto «Pas de deux»**
  Stellen wir uns Folgendes vor: Eine Frau und ein Mann tanzen den Pas de deux der Liebe, ihrer Beziehung, ihrer Gemeinsamkeit. Im Takt, zu zweit, mal im verträumten Walzer, dann ein spannungsgeladener Tango oder einfach nur ein Foxtrott. Auch wenn ihr Bauch rund und größer wird, tanzen sie beide weiter. Doch dann, mit dem ersten Schrei des Babys, verstummt die Musik, der Tanz erstarrt, Stille. Die Frau (ganz egal, ob emanzipiert oder nicht) hat in diesem Moment eine schwierige Wahl zu treffen: Wie geht der Pas de deux weiter? Wählt sie den Mann als Tanzpartner, oder ersetzt sie ihn durch das Kind?
  Nach dem Motto: Eines Tages geht dein Kind, doch der Partner bleibt (im besten Fall), sollten emanzipierte Mütter sich für den Partner entscheiden, um mit ihm auf der Bühne der Paarbeziehung weiterzutanzen. Dass auch noch der Kindertanzsaal eingerichtet wird und dort fleißig «Ringel-Ringel-Reihe» gehüpft wird, ist ein anderes Thema. In der Tanzhalle einer Familie wird anders getanzt als beim Wiener Hofball, es gibt viele Mischformen und dauernde Unterbrechungen, mal Hopsen und Hüpfen, dann Federn und leichter Galopp, zu zweit, zu dritt, zu viert. Doch wenn der entscheidende Moment kommt, Mann und Kind sich im Smoking vor der emanzipierten Mutter verbeugen, dann reicht die Frau dem Mann die

Hand und sagt dem Kind: «Wir tanzen nachher miteinander, mein Schatz.»

- **Solotanz**

Auch wenn wir emanzipierten Mütter meinen, wir seien besser, schneller, toller, eleganter und geschickter beim Tanz, sollten wir den Mann ruhig ab und zu einen Solotanz auf die Bretter hinlegen lassen.

Hock aufs Maul, lass ihn machen

Lass ihn auch mal alleine tanzen. Hock aufs Maul. Sag einfach nichts, wenn die Kinder aussehen wie Zigeuner, welche sich aus der Kleidersammlung ihren Aufzug zusammensuchen. Schimpf nicht, wenn beim Abendritual das Zähneputzen vergessen ging. Motz nicht, wenn die Zwischenmahlzeit nur aus Süßem bestand. Groll nicht, wenn das Kind mit laufender Nase vom Spaziergang zurückkommt, weil Schal und Kappe friedlich in der Schublade ruhen. Die Kinder werden es überleben! Du auch! Wenn du mit dem Vater deiner Kinder Sex haben kannst und du dich ihm schutzlos, hüllenlos hingibst, dann wirst du ihm doch die wohlbehüteten Kinder überlassen, oder?

Innere Handbremse

Glücklich emanzipierte Mütter ziehen einfach mal die innere Handbremse an. Erledigen nicht schon alles zwei Wochen im Voraus. Denken nicht an alle Eventualitäten, die eintreffen könnten. Planen nicht schon das Notfallprogramm für den Regentag, wenn die Sonne scheint. WARTEN! Und während wir die innere Handbremse anziehen, damit unser Porsche, der schon auf vollen Touren dreht, nicht die Abfahrt hinunterrast, geschehen Wunder. Auf einmal sehen wir den Mini an uns vorüberzuckeln. Er fährt in gemütlichem Tempo genau den Parcour, den es abzufahren gilt. Oder auf einmal erscheint einer auf der Piste und schwenkt die Fahne, um uns mitzuteilen, dass aufgrund des Nieselregens die Rallye abgesagt wurde.

- **Tanzabend**

Hin und wieder sollte es nach dem Kindergehopse wieder einmal nur einen Tanzabend für Erwachsene geben. Einen Abend als Paar auf der Tanzfläche, ohne Schnuller und Schoppen, mit wehendem Kleid und lachendem Herz. Dabei raunt sie ihm ins Ohr, was sie sich wünscht, was ihr Freude macht, denn sie hat die Hoffnung auf ein Superwesen, das der Telepathie mächtig ist, schon lange mit der Realität eingetauscht: Ihr Tanzpartner beherrscht vor allem ein ganz kommunes Kommunikationsmittel: die Sprache.

Oder: Als Abwechslung zum klassischen Tanzabend gehen emanzipierte Mütter auch mal wieder in die Disco, nach dem Motto: crazy, sexy, cool.

Wissen wir noch, wo wir die Spitzen-Strings hingeworfen haben? Die, die wir ab und zu vor der Geburt anhatten. Weggeworfen? Zu klein? Macht nichts, kaufen wir was Neues, egal, was, aber wir sollten uns gut fühlen, lebendig. Machen wir doch wieder mal was Verrücktes. Lassen uns ein Tattoo einstechen, verführen den Mann auf dem Küchentisch (auf dem unaufgeräumten), lassen den Babysitter kommen und gehen mit dem Mann Flippern. Glücklich emanzipierte Mütter sollten sich an wilde, gute Momente von früher erinnern und sich ganz laut sagen: DAS IST NICHT VORBEI. Spontan brauchen wir nicht zu sein. Das wäre zu viel verlangt. Aber mutig! Seien wir doch mal wieder verrückt, spannend, lüstern, ausgeflippt, lustig, wild.

Der giftgrüne «Kill-den-Müttermythos»-Sirup, kinderfreundlich, tödlich für Schuldgefühle und Irrglauben, fordert Männer zu mehr Partizipation

- **Irrglauben steinigen**

  In jeder Mutter (auch in emanzipierten) schlägt der Glaube im Herz: ICH BIN DAS ALLEINIGE GLUECK MEINES KINDES. Ein absoluter Irrglauben, ein Glaube, der auch irre und kirre macht, denn erstens ist diese Annahme falsch, und zweitens ist dieser Glaube ein Beziehungskiller. Ja, ja, Mama sein ist toll, Mama ist wichtig für Kinder, Mama kann auch vieles, nur, sie soll den Alleinanspruch an ihre Wunderkräfte (ihr Kind ist nur glücklich, wenn sie im Raum ist, ihr Kind wird nur gefördert, wenn sie es organisiert, ihr Kind wird nur groß und stark, wenn sie es mit ihrer Kost füttert etc.) einfach nicht überschätzen. Kinder sind auch glücklich mit Vätern, Geschwistern, Krippenfrauen, Tagesmüttern, Verwandten!

  Das Kind gehört nicht uns Frauen! Es ist ein Himmelsgeschöpf, mit seinem eigenen Willen, Wesen und Weg. Wir bilden (am Anfang) eine essentielle Basis für diese Entwicklung (zusammen mit anderen), aber nach und nach kappen die Kinder die Nabelschnur und wandern weiter.

- **Maria-Profil ausrotten**

  Wir emanzipierten Mütter sind keine heiligen Maria-Mütter! Wir sind ganz normal und unvollkommen, wir sind ungeduldig, unpädagogisch, nachgiebig, gereizt. Wir wünschen uns manchmal die Kinder auf den Mond und geben sie gedanklich zur Adoption frei. Wir lassen uns in gemeine Wortgefechte verwickeln und teilen bösartig aus, wir vergessen wichtige Daten und verwechseln die Namen. Wir kochen langweilig und hassen Geschirrspüler. Wir denken lieber an unsere Projekte als an das Schülertheater. Hey, und obwohl wir keine Marias sind, sind wir doch für unsere Kinder die besten Mütter, denn wir lieben sie und handeln nach unseren besten Möglichkeiten. Unsere Kinder würden uns gegen kein Geld und keinen Schokoladenhaufen der Welt eintauschen gegen Mutter Maria. Denn sie lieben UNS!

  Werfen wir also das Maria-Profil auf den Müll oder verbrennen es auf dem Scheiterhaufen, erlauben wir uns ab und zu «die Mutter-Arschkarte», denn sie gehört zum Leben wie Falten im Gesicht.

- **Schuldgefühle ausradieren**

  Selbstanklage, Zweifel, Schuldgefühle ziehen zusammen mit der Zellteilung des Embryos ins Herz ein. Egal, was wir Emanzipationsmütter sagen, machen, entscheiden, es lässt sich bequem ein Schuldgefühl daraus fabrizieren, nach dem Motto: Mütter sind an allem schuld. Wenn wir Klein-Fritzchen einen Schokoladenriegel erlauben, sind wir die unpädagogischen, ihre Kinder verhätschelnden und ihrer Gesundheit zu wenig Beachtung schenkenden schwachen Mütter, wenn wir es ihm verbieten, dann sind wir die rigorosen, herzlosen, zu starken Mütter. So oder so kommt unser Kind irgendwann und macht uns Vorwürfe. War es in der Krippe, heißt es: Du hast mich weggegeben und hattest nie Zeit für mich. War es bei der Tagesmutter, heißt es: Du hast dir die unfreundlichste, liebloseste Frau im ganzen Dorf ausgesucht. Warst du mit ihm die ganze Zeit zu Hause, heißt es: Du hast mich erdrückt mit deiner ewigen Präsenz. Also, die Vorwürfe haben wir auf Nummer sicher.

Nur wenn wir den Irrglauben (nur wir Mütter sind das alleinige Glück für unser Kind) gesteinigt haben, dann wissen wir, dass wir nicht allein schuld sind an der ganzen Misere. Da gibt es auch noch den sogenannten Erzeuger, Miterzieher und Vater der Kinder. Obwohl ich stets der Meinung bin, fifty-fifty sei total unrealistisch im Leben von Mann und Frau, plädiere ich in diesem Punkt der Schuldgefühlsaufteilung für die Halbierung. Übernehmen wir also Verantwortung für unseren Teil und kompensieren nicht mehr die Schwachstellen der Männer, stehen wir die Frau für unsere Entscheidung. Durch die Ausrottung des Maria-Profils wissen wir, dass wir STETS UND NUR DAS BESTE für unsere Kinder wollen.

Die roten Anti-Schrecksen-Pillen. Achtung giftig, reizend, ätzend. Toxisch für alle, die unterwürfige, angepasste, stets zudienende Frauen befürworten.

- **Zurück zu sich**

  Während wir Emanzipationsmütter unsere Jonglierfähigkeiten stets verbessern, gleichzeitig mehrere Eisen im Feuer bearbeiten, nur rennend und hetzend anzutreffen sind, vergessen wir uns TOTAL. Wir befriedigen weiterhin unsere Primärbedürfnisse wie essen, trinken, schlafen (da wird es schon grenzwertig), doch wie sieht es aus mit Sekundärbedürfnissen: Freude, Lust, Spaß, Zufriedenheit? Wir opfern uns auf dem Altar der Familie, wir werfen uns den Jobhaien zum Fraß vor und denken dabei, dies sei eine große Tat und wir seien tolle Helden wie Julius Cäsar oder Alexander der Große. Doch! Die Rechnung geht nicht auf, denn wir sind genauso wichtig wie jede andere Person.

  Ganz schlimm abhanden kommen wir uns, wenn wir frisch verliebt sind. Denn sobald wir jemandem sagen: «Ich liebe dich», haben wir einen Teil von uns (einen Teil im besten Fall, das Ganze im schlimmsten Fall) verschenkt. An IHN. Wir vergessen uns. Wir wissen auch nicht mehr, wie wir die Eier am liebsten essen, welche Kleider uns grundsätzlich gefallen, dass wir Jazzmusik zum Heulen finden und Fußball uns langweilt. Auf einmal sitzen wir neben der neuen Flamme mit Spiegelei (anstatt Rührei) vor dem TV und schauen die Fußball-WM, wir hocken in einem ultragroovigen Jazzkeller und mobilisieren alle Kanäle, um das Saxophongeschrille auszuhalten. Wir tragen ein neues Deux-Pièces anstatt den Hip-Hop-Look, und die Haare lassen wir auch wachsen, und zwar in Rotblond.

Liebe nicht nur die Nächsten (oder die neue Flamme), sondern vor allem auch dich selbst! Wir sollten den Scheinwerfer von der Ein-Mann-Show, der Kinderbühne und dem Ehemannschauspiel regelmäßig auf uns richten und uns fragen: Was will ich? Was tut mir gut? Was macht mich glücklich? Und dann kann es sein, dass der Friseur und die Kleidersammlung auf einmal viel zu tun bekommen.

- **Kleine und große Freuden**

Es gehört zur Pflicht jeder Mutter (ob sie nun arbeitet oder nicht), sich jeden Tag etwas Gutes zu tun. Und wenn es ein Kaffee mit einer Praline ist, während die Kinder für 15 Minuten vor dem schwarzen Kasten stillgelegt werden. Oder nach der Arbeit noch den Umweg übers Solarium, nicht um der Bräune willen, sondern für acht Minuten Sonnenschein und die Erinnerung an den letzten Mallorca-Ferienaufenthalt. Oder anstatt mit der langweiligen Bürokollegin Essen zu gehen, einen genüsslichen Spaziergang mit einem Erdbeereis durch den sonnendurchfluteten Herbstwald machen. Es gibt tausend Dinge, die unser Emanzenherz drei Schläge höher hüpfen lässt. NUR: Von selbst sprudeln diese Freudequellen nicht. Zuerst muss herausgefunden werden, was diese sind. Mir tun Bewegung, alte Filme, laut Singen, Chai-Tee, Fotos und Freundinnen gut. Andere tanken bei Büchern, klassischer Musik, Hunden, Rosinenbrötchen und bei Schnäppchenjagden

auf. Es braucht also täglich ein kurzes Innehalten, um sich an diese Freudes- und Energiequellen zu erinnern.
Ab und zu braucht es auch eine Hauptmahlzeit der Freuden: eine Energiequelle, die uns ein Lachen für mindestens drei Tage aufs Gesicht zaubert. Ein schönes Abendessen mit einer Freundin, anschließend Kino. Oder ein Wellnessnachmittag mit Bädern, Kosmetik, Massage und Entspannung. Oder mit dem Geldbeutel unterwegs in die Stadt. Shopping und zwischendurch ein großes Stück Torte mit Milchkaffee. Oder einfach eine Woche lang auf die Kanaren oder in die preisgünstige Berghütte ohne Kinder und Ehemann.

- **Ausgiebig loben**

Wir Emanzipationsmütter leisten Unmengen, jonglieren hundert Teller gleichzeitig (und zwar mit wenig Scherben), sind wirkliche Organisationshyänen und Superwomen im Familienbetrieb - und keine Sau merkt es. Deshalb sollten wir nicht frustriert warten, bis die anderen die unscheinbare Frau mit der Brille als Genie erkennen, sondern loben wir uns häufig und mit Innbrunst, die innere Hand auf den Schultern: «Brav, Christa, das hast du gut gemacht, heute bei allem die Nerven behalten und niemanden angeschrien. Toll, Liliane, wie du heute einen im Job hingefegt hast und am Abend noch Energien aufgebracht hast, das Abendritual durchzuziehen. Genial, Dora, wie du mit Engelsgeduld deinem Mann bei der minutiösen Beschreibung seines Tages in der chaotischen Küche zuhörtest, ohne gleichzeitig abzuwaschen.»

- **Warnsignale beachten**
  Wir Emanzipationsmütter können uns darauf verlassen, dass körperliche Warnsignale – dauernde Durchfälle, chronische Kopfschmerzen, eine nicht heilen wollende Wunde – und psychische Blinklichter – Weinkrämpfe, unerklärliche Tiefstimmung, verloren gegangenes Lachen – etwas zu bedeuten haben. Bitte rechts rausfahren, innehalten und sich überlegen, was uns diese Warnsignale sagen wollen. Sie müssen behoben werden, sonst explodiert die ganze Geschichte.

- **Nein sagen – täglich!**
  Hast du heute schon Nein gesagt? Zum Kindergartenkind, das um 13 Uhr an der Türe klingelt und nach der Ältesten verlangt. Zum schwulen Freund, der gerade in der Nähe ist und Zeit und Lust hätte, auf einen Kaffee vorbeizukommen. Zur Telefondame, die dir das neueste Angebot bei den Krankenkassentarifen durchgeben möchte. Zum Mann, der spontan angefragt wurde, ob er am Freitag auch noch in die Spätvorstellung komme. Zum Vertreter, der tolle selbstgemachte Kunstwerke feilbietet. Dem Sportverein, der ganz dringend und verzweifelt einen Ersatz für den Samstagnachmittag sucht.
  NEIN! Und nochmals NEIN! Komm später wieder, jetzt ist es ungünstig, ein andermal, das interessiert mich nicht, nein danke, es sprengt den Rahmen, ich bin verhindert, danke der Nachfrage.

- **Slumming**

  Frauen, die berufstätig sind und Kinder haben, sollten slummen lernen, auch mal liegen lassen, auch mal nichts erledigen, auch mal Chaos und Puff haben dürfen. Es stört niemanden, außer die Frau selbst, dass das Haus/die Wohnung unaufgeräumt ist. Ein bisschen in den Cornflakes rumzuwaten, knistert wunderschön. Im Kleiderhaufen der Kinder sitzend einen spannenden Film sehen und dabei mit den Füßen einen Schoppen, bei dem die Milch vom langen Herumliegen schon etwas zerfällt, rumrollen, massiert die Füße und kreiert eine wunderbar heimelige Atmosphäre.

- **Hilfe holen, Ressourcing**

  Manchmal geht es einfach nicht ohne zusätzliche Hilfe. Manchmal müssen die Rennerei und das Hamsterrad gestoppt werden. Lassen wir doch die Schwiegermutter einfliegen, gleich für die ganze Woche. Die kocht dann wunderbar und spielt mit den Kids, während wir an dem gedeckten Tisch sitzen können und nachher ins Konzert abschwirren. Lassen wir die Kinder übers Wochenende bei ihren Paten, während wir im Zweiercouché den Nachtzug nach Rom nehmen. Bringen wir die Kinder auch mal den Großeltern für drei Stunden, damit wir wieder mal gemütlich die Lieblingsshops abklappern können. Auf ein Jahr verteilt, finden die Kinder es amüsant, und wir holen Atem, tanken auf. Gedanken wie: «Oh nein, jetzt bin ich schon drei Tage die Woche am Arbeiten, und dann gebe ich sie am Wochenende auch noch weg», sollten wir erst gar nicht aufkommen lassen. Klar, in dieser Woche sehen wir die Schätze wenig. Doch welch aufgestellte, fröhliche Mütter werden wir erst die Woche darauf sein? So eine Aktion bringt Erfolge! Mit Testsiegel.

- **Feng-Shui der Freundinnen**

Vom eigenen Kindergarten bis zum Kindergarten der Kinder tummeln sich die Bekanntschaften, aus denen sogenannte Freundschaften werden. Die Anzahl der Freundinnen wächst. Mit jedem Malkurs, mit jedem Klassensegment der Kinder gibt es wieder eine neue Frau, hin und wieder auch einen Mann. Sie kommen, sie gehen selten. Doch manchmal, mindestens einmal im Jahr, sollten wir uns ernsthaft fragen: Wer sind meine Freunde?

Definition Freunde: gleichwertiger Kommunikationsaustausch mit Energiegewinn oder anders ausgedrückt: Eine Freundin ist jemand, der dich versteht, ähnliche Ideen hat oder deine Ideen zumindest anhört und unterstützt, dir verbal keine reinbrennt (das sind die Sätze, die nach dem Telefonat nachklingen, mit saurem Beigeschmack), der du alles erzählen kannst, mit der du tiefgründig nach Meeresfischen tauchen kannst, mit der du lachen und weinen kannst, die du zu jeder Zeit um einen Rat bitten kannst, der du vertraust und wenn du sie gesehen oder gehört hast, bist du reicher. An Ideen, Gedanken, Emotionen und guten Gefühlen. Das ist eine Freundin.

Du siehst, ich setze die Latte hoch an. Alle anderen sind Kolleginnen und sollen auch die Zeitskala für diesen Titel bekommen: wenig oder nichts.

Einmal im Jahr ein A4-Blatt nehmen, in der Mitte einen Strich, links die Energiespender, die Freudenträger, die Vertrauten, die Gönnerinnen, rechts die Negativen, die Leidigen, Schuldgefühlmachenden, die Freudlosen, Intoleranten, Mühsamen, stets Schrecksigen.
Und dann heißt es ausmisten. Linke Reihe weiterpflegen, rechte Reihe auslaufen lassen (ich melde mich mal wieder, o.k.? Jetzt geht es nicht). Für die Zwitter, die mal links und mal rechts sind, für die habe ich leider auch keine Lösung! Ausmisten à la Feng-Shui: brutal, aber wirksam.

- **Titanic, nein danke**

Titanic war zu schnell, wollte zu perfektionistisch die Reisezeit überbieten, war unvorsichtig und ging deshalb einfach unter. Darum: runter vom Gaspedal, unser Tag hat nur 24 Stunden, davon wäre ein Drittel für Schlaf vorgesehen. Lassen wir den falschen Ehrgeiz untergehen, damit wir nicht absaufen! Fehler sind erlaubt und erwünscht (sonst könnten wir uns nicht mehr weiterbilden). Und wenn wir nicht die Nummer eins sind, dann hat dies überhaupt nichts mit unserer Leistung und unserem Energieaufwand zu tun, sondern mit dem uralt verkorksten patriarchalen System, welches die neuen Anforderungen und Kompetenzen der Frauen nur im Schneckentempo erkennt und selten und wenig etwas dafür in Bewegung setzt. Darum lassen wir es ruhen. Greifen wir nicht nach Unmöglichem, geben wir uns mit 98 % zufrieden, lassen wir die restlichen 2 % Perfektion den Haien.

Die Kinder taumeln auf uns zu, im Schlepptau die erschöpften, leicht erblassten Väter. Wir haben sie, abgelenkt durch unseren Drogeriemarkt, vergessen. Keine Ahnung, wie viele Runden sie geflogen sind. Inzwischen sind überall Tausende von kleinen Lichtern angegangen, säumen Wege, schmücken Bäume, verzieren Gebäude und winken dem sich zu Neige gehenden Tag und der untergehenden Sonne wie lustige Glühwürmchen ade. Die Fliegertruppe stürmt voran ins nächste Café, welches wohl aus einem alten Weihnachtsfilm herausgefallen ist und nun vor uns in Lichter eingehüllt zu Wärme und Labung einlädt. Mit blauen Lippen und einem Körper, der kurz nach dem Knie aufhört zu existieren, stapfen Helena und ich mit steifen Gliedern hinterher und bestellen bei den besten Ehemännern der Welt für die tollsten emanzipiertesten Mütter je zwei Stück Torte und die größte Kanne Kaffee überhaupt.

Aus dem Verlagsprogramm

Altweibersommer
Ein Bericht über die Zeit nach den Wechseljahren
2., unveränderte Auflage. 2005. 184 Seiten. Paperback
Beck'sche Reihe Band 1468

Eigentlich ist alles schief gelaufen
Mein Weg zum Glück
2. Auflage. 2005. 172 Seiten. Paperback
Beck'sche Reihe Band 1601

Feuerzeichenfrau
Ein Bericht über die Wechseljahre
293. Tausend. 2003. 207 Seiten. Paperback
Beck'sche Reihe Band 352

Geliehenes Glück
Ein Bericht aus dem Liebesalltag
152. Tausend. 2003. 222 Seiten. Paperback
Beck'sche Reihe Band 455

Vatermänner
Ein Bericht über die Vater-Tochter-Beziehung und ihren Einfluß auf die Partnerschaft
150. Tausend. 2003. 205 Seiten. Paperback
Beck'sche Reihe Band 1037

Wenn du mich wirklich liebst
Die häufigsten Beziehungsfallen und wie wir sie vermeiden
50. Tausend. 2001. 212 Seiten. Paperback
Beck'sche Reihe Band 1415

Elisabeth Beck-Gernsheim

Die Kinderfrage heute

Über Frauenleben, Kinderwunsch und Geburtenrückgang

2006. Etwa 224 Seiten. Paperback

Beck'sche Reihe Band 362

Ute Gerhard/Trudi Knijn/Anja Weckwert

Erwerbstätige Mütter

Ein europäischer Vergleich

2003. 253 Seiten. Paperback

Beck'sche Reihe Band 1514

Ute Benz

Warum sehen Kinder Gewaltfilme?

1998. 150 Seiten mit 14 Abbildungen. Paperback

Beck'sche Reihe Band 1245

Robert Hettlage

Familienreport

Eine Lebensform im Umbruch

Mitarbeit: Susanne Wagner

2. Auflage. 1998. 304 Seiten mit 12 Abbildungen und 17 Tabellen. Paperback

Beck'sche Reihe Band 483

Cathrin Kahlweit

Jahrhundertfrauen

Ikonen – Idole – Mythen

2. Auflage. 2001. 331 Seiten. Paperback

Beck'sche Reihe Band 1301

Katharina Zara

Die Rechthaber

Aus der Männerwelt einer Anwaltskanzlei

4., unveränderte Auflage. 1993. 170 Seiten. Paperback

Beck'sche Reihe Band 353